宮中祭祀

連綿と続く天皇の祈り

中澤伸弘

展転社

はじめに

昭和二十年八月十四日、阿南惟幾（あなみこれちか）陸軍大臣は終戦にあたり、その責任を負ひ自決を覚悟し、鈴木貫太郎首相のもとを暇乞ひに訪ひました。日本の今後について心配で、悲愴な顔つきの阿南に対し、鈴木は「陛下がお祭りをなさつてゐる以上、日本は滅びませんよ」と話したといひます。鈴木は昭和天皇の侍従（じじゅう）を務めたこともあり、宮中祭祀に表はれる天皇の御本質をよく理解しての発言でありました。果たして鈴木の言は当たり、日本は滅びるどころか、見事に復興を遂げ、世界に誇る経済発展を遂げました。その繁栄の蔭に昭和天皇の祭祀に臨まれる真摯な御姿があつたのですが、国民にはそのことをあまり知らされないで来ました。

天皇の御本質は祭祀王であることです。それは祭りをされ、祈られることにあります。今上天皇を始め御歴代の天皇は、国家、国民はいふに及ばず全世界の平和を、常にご先祖の神々に祈られて来たのであり、そしてそれは今後も天皇とともに永続して行くのです。世界の国々の中で斯様な祭祀王を元首に頂く国は稀であります。また日本の神話は、単なる昔話ではなく、祭祀といふ形で今日も生きてゐるのです。

宮中や諸神社の祭祀は神話と密接な関係があり、それゆゑ我が国の神話は平成の今日も生きてゐると言へるのです。「神代在今」といふ語がありますが、まさにその通りなのです。

皇居正門の二重橋のその奥に当たるところに、土塀に囲まれた聖域があります。そこには宮中祭祀に関する建物があり、皇室の御遠祖にあたる天照大御神をはじめ、多くの神々が祀られ、毎日天皇の祈りが捧げられてゐます。これが賢所（宮中三殿）であり、この祈りが宮中祭祀なのです。戦前の教科書にはこの祭祀についての説明がされてゐて、天皇の祭祀は公事であることが説明されてゐました。しかるに戦後は祭祀をすることは天皇の私事とされ、宮中祭祀については即位儀礼や、皇族の御成婚などの折に、宮中三殿が報道されることがありましたが、年間の祭祀については何も報道されずに、国民はその深い祈りを知ることもなく今日に至つてゐるのです。

「私事」とはわたくしごととの意味ですが、天皇の祭祀は果たして私事の一言で片付けられる性格のものでせうか。卑近な例へで畏（おそ）れ多いのですが、このやうなことを考へてみてください。私は長年高校の教師をしてゐますが、担任をもつと三年の受験期の休日に都内の某天神社にクラスの全員の合格祈願に参拝します。玉串料を納め、昇殿しては祈願を籠め、お札を頂きます。境内では「全員が志望する所へ合格しますやうに」と祈願絵馬に書いて奉納してきます。これは形の上では私の個人的な参拝です。玉串料も自分で納め、参拝の時間も勤務時間とは関係がありません。しかしこれを私事といふことができませうか。この参拝の時の私は、個人でもあると共にクラスの担任でもあります。祈願に頭を垂れる時は学校の教諭として学校全体の幸ひを祈るわけでせう。絵馬を奉納するのも担任だから出来ることなのです。かやうに考へますと陛下の祈りはやはり公人の天皇としてのお立場でもあるのです。陛下の祭祀は国家の祭祀でもあるのです。私が合格祈願に行つたと聞いた生徒や保護者からは「有り難うございます」といふ御礼の言葉を頂くことがあります。それならば同様に私どもは陛下に御礼を申しあげなくてはなりません。そのためにも宮中祭祀への理解を深めて頂きたいのです。宮中祭祀は天皇の祭りです。

昭和天皇の御時もさうでありましたが、近年、陛下の御高齢化に伴ひ、その玉体を案じ奉つての諸事簡略化がなされるなかで、この宮中祭祀にも簡略化の波が押し寄せてゐます。これは致し方のないものではありますが、この機に乗じて宮中祭祀の実際を知らずに、祭祀に容喙（ようかい）し、または廃止して仕舞へとの暴論を軽々しく言ひ立てる人が出てきてゐます。

このやうな時こそ、宮中祭祀の実際を知り、そのあり方を考へ、今日なほ厳修される祭りの意義や天皇の御本質について学ぶ必要がありませう。小著がその為に聊かなりともお役にたつなら幸ひこれに過ぎる物はありません。

宮中祭祀　目次

第三章　宮中三殿の諸祭

2 新年の諸祭（四方拝　歳旦祭《小祭》　元始祭《大祭》　奏事始）　一月一日〜　65
3 先帝祭（昭和天皇祭）《大祭》と先帝前三代例祭《小祭》　一月七日　69
4 臨時御拝（旧紀元節祭）・旬祭　二月十一日　70
5 祈年祭《小祭》　二月十七日　72
6 春季（秋季）皇霊祭と春季（秋季）神殿祭《大祭》　春分、秋分の日　73
7 神武天皇祭《大祭》と皇霊殿御神楽　四月三日　74
8 先后祭（香淳皇后例祭）《小祭》　六月十六日　76
9 節折と大祓　六月十二月、晦日　76
10 神嘗祭賢所の儀《大祭》　十月十七日　78
11 鎮魂祭　十一月二十二日　80
12 新嘗祭《大祭》　十一月二十三日　82
13 天長祭《小祭》　十二月二十三日　88
14 賢所御神楽《小祭》　十二月中旬　90
15 除夜祭　十二月三十一日　92

カバーデザイン　古村奈々

第一章　宮中祭祀とその歴史

1　宮中祭祀の成り立ち

天皇は古来統治権と祭祀権の二つのものをお持ちでありました。天皇のことを古語で「すめらみこと」と申します。この「みこと」といふ語は古い言葉で、神の御言葉を受けてこの世を統治することを意味します。ここでいふ統治とはこれもまた古語で「しらす」といふ語がある通り、その土地のことを「知る」＝「しらす」ことです。ですから天皇はいつの時代も我が国の現状をお知りになられ、それを御先祖の神々に御奉告になられ、また神意をお伺ひになられて政治をおとりになりました。政治を古語で「まつりごと」と申しますが、我が国では政＝祭なのでした。ですので天皇の統治権と祭祀権は表裏一体のものでありました。時代の変遷の中で、天皇の統治権が幕府に移り、わづかばかりの時代もありましたが、この祭祀の根本が揺らぐことはありませんでした。戦後に大日本帝国憲法を全面改定して定められた現行の憲法は、このやうな我が国体に馴染まない所が幾つかありますが、この統治権と祭祀権についてもまた然りであります。殊に祭祀に関しては祭政一致の国柄に反して、政教分離がことに喧しく取り沙汰され、公人である天皇の祭祀は個人の私事といふ変則的な扱ひにされてしまひました。

現行憲法には天皇の国事行為に「祭祀をする」といふ記載はありません。これは重大な欠陥であります。では国事行為に「祭祀をする」といふことを加へればよいのかといふと、またさうでもありません。天皇の祭祀は国事行為を越えた「天皇の公事」なのです。国事行為には内閣の助言と承認とが必要になりますが、天皇の祭祀に内閣が容喙することなど有り得ない事です。

宮中祭祀については今日、先程も申し上げました通り、天皇の「私事」とされて国民にあまり知られてゐませんが、天皇陛下は毎日国家の安泰、国民の平和を祈られてゐるのです。

宮中祭祀とは宮中にある三つの建物、即ち賢所、皇霊殿、神殿において、年間幾たびか行はれる祭儀のことです。また旬祭（しゅんさい）と称して、毎月一日、十一日、二十一日にも祭儀が行はれます。これらの祭儀には大祭の時は天皇皇后両陛下、皇太子同妃両殿下がお出ましになり、親しく御拝礼になります。小祭の時は天皇陛下、皇太子殿下がお出ましになり御拝礼になります。新嘗祭は大祭ですが皇后陛下、皇太子妃殿下のお出ましはありません。また祭儀によつては天皇陛下が御自身で御告文（おつげぶみ）を奏上されることもあります。御告文とは神社で例へれば神に祈る神職の「祝詞（のりと）」のやうなもので、天皇陛下ご自身のお祈りの御文章のことです。後で述べますが、宮中三殿に祀られてゐる神々は天皇陛下の御祖先に当たられます。そこでお告げになる御文章のことをこのやうに申しあげるのです。

また御歴代の天皇の五十年までの十年ごと（百年を越えた場合は百年ごと）の祭日には宮中（皇霊殿）とその御鎮まりになる山陵（御陵）とで祭儀が営まれ、御陵には勅使が派遣されます。また皇室の御成婚、御誕生、御成年式などの御慶事、海外行幸啓（ぎやうこうけい）などの御旅行、かつては国家の大事も御奉告なされてゐます。さらに神宮のほか皇室と御縁りの深い神社の大祭にも勅使を派遣され、勅祭として執り行はれます。

天皇陛下は年間二十数度このやうな祭儀を行はれますが、それとは別に毎日毎朝、賢所（宮中三殿）に侍従が御代拝になります。この間侍従の復命があるまで天皇陛下は御慎みであらせられます。かう考へますと天皇陛下は毎日毎日一日も欠かさず、御先祖の神々に深い祈りを捧げられてゐることがお分かりになりませう。そしてこれは今上天皇だけがなさつてゐることではなく、昭和天皇も大正天皇も明治天皇も、またそれ以前遙かに遡つて御歴代の天皇が行はれてきたものなのです。鎌倉時代初期の順徳天皇がお書きになられた『禁秘御抄』に「禁中の作法、まづ神事、後他事」とあり「神宮や賢所の方に足を向けてはいけない、賢所の神様に畏れ多いので、寝るときも冠の紐を解かない」などとの御作法が書かれてゐます。ここに「祈り」といふ語に貫かれた天皇の御本質があるのです。宮中祭祀とはこのやうに天皇陛下による国家国民、ひいては全世界の平和を祈られる宮中の祭儀のことをさします。

※本書でいふ「神宮」とは三重県伊勢市に御鎮座になる、所謂「伊勢の神宮」をさします。本来我が国では神宮といへば伊勢の神宮をさしてゐました。また、本書の神名の表記は『古事記』に拠ります。

2　三種神器と皇位の尊厳

宮中祭祀を説く時には、神話との関連を除外しては語れません。この点が重要です。宮中祭祀は神話との連続であるとの認識を持たなくてはなりません。皇室は神話と共に現存してゐるのです。

　天皇の御位を象徴的に表すものにいはゆる「三種の神器」があります。それは神鏡（御鏡）、神剣（御剣、宝剣とも）、神璽（しんじ）（御璽）の三つを指し、これが宮中祭祀における重要なる対象、また皇位のみしるしになつてゐます。このうち神鏡は高天原で天照大御神が皇孫日子番能邇々藝命（ひこほのににぎのみこと）にお授けになつたもので、天照大御神の御神霊として現在伊勢の神宮にお祀りされてゐます。その御代器（同じものをお作りになられてお手許に置かれた物）をやはり天照大御神の御神霊として宮中の賢所にお祀りしてゐるのです。また神剣は須佐之男命（すさのをのみこと）が八俣袁呂智（やまたのをろち）（八岐大蛇）を退治したときにその尾から出てきた物で、現在尾張の熱田神宮にお祀りされてゐます。神璽は曲玉で天孫降臨の時に神鏡とともに下されたものです。神剣はその御代器を、神璽は神代のままのものをそのまま、天皇陛下と不離一体のものとして、現在でも陛下のお近くの剣璽の間に奉安してあります。いづれも神代と切り離し出来ないもので、宗教性の高いものです。

　皇位の継承があると御鏡は賢所にお祀りされてゐますからそのまま御動座はありません。しかしこの御剣と御璽とは次の天皇のもとに渡御（とぎょ）なさいます。これを「剣璽渡御」と申します。「渡御」とは神にあたるものが別の所へお渡りになる、移動されることをいひます。現在でも神社の神輿を担ぎ出すことを神輿渡御といひます。昭和天皇が崩御された折、皇太子殿下（今上天皇）は宮殿松の間で「剣璽等承継の儀」に臨まれました。この時御剣と御璽とが昭和天皇のもとから今上天皇のもとに移ることにより、明確に皇位の継承がなされたことを世に示しました。実はこの時刻に、御鏡を祀る賢所の大前で（陛下は喪中のためお出ましにはなられず）掌典長が、新帝が即位（本来践祚といひました）したことを告げる祭典があります。この時は掌典長が陛下の御告文を代読します（皇霊殿、神殿にも奉告があります）。このやうに新帝への御剣、御璽の渡御は宮中三殿の祭儀と一体なのです。

また宮中祭祀に天皇陛下がお出ましになる際には、この御剣と御璽とを侍従が捧持して供奉します（但し大祭のみです）。神鏡、神剣、神璽は天皇とは古来不離一体のものなのです。

これを証明するお話は沢山あります。たとへば平安時代の歴史物語である『大鏡』に「花山天皇の御出家」のことが書かれてゐます。第六十五代花山天皇は藤原兼家の謀り事によつて、在位二年で御出家させられます。兼家の子である藤原道兼が花山寺にお連れしようとした時、花山天皇は月があまりにも明るいので躊躇なさいます。このとき道兼は「さりとて、とまらせ給ふべきやう侍らず。神璽、宝剣わたり給ひぬるには」と言つて天皇を脅します。既に剣璽は兼家の外孫にあたる東宮（皇太子のこと、春宮とも書く）懐仁親王（一条天皇）のところへ渡御なさつてゐるので、もはやあなたは天皇ではないですよ、といふのです。御自身が騙されたと御悟りになられた時には既に遅かつたのです。

九条兼実の弟の慈円は『愚管抄』に、安徳天皇が源氏に追はれる平氏と共に西へ下つた時のことを批判して「いかさまにも国王は神璽宝剣、内侍所をあひ具して西の方へ落ち給ひぬ」と書きました。どうして国王（安徳天皇）はこの三種の神器を奉じて西へ行かれたのか、との嘆きの声です。

また皇統が二つに分かれ、京都の足利方の北朝と吉野の南朝とに分離した時代がありました。同時代に天皇がお二方いらしたのですが、歴代の天皇の数へ方を南朝を正統にしたのは、水戸の『大日本史』の考へに基づき神器の存在する南朝を正統としたからです。

このやうに神璽と宝剣は天皇の御位を表すものと認識されてゐたことがお分かり

になりませう。北畠親房(ちかふさ)は『神皇正統記』に「三種ノ神器世ニ伝ルコト日月星ノ天ニアルニオナジ」と述べてゐます。この南北朝動乱の時代に後醍醐天皇の後に御即位された後村上天皇は「四の海なみもをさまるしるしとて三の宝を身にぞつたふる」（『新葉集』）と三種の神器とともに即位なさつた御感慨をお詠みになつておいでです。このやうに三種の神器と天皇の皇位とは古来、不離一体のものなのです。今、世俗での議論に天皇の政治利用を避けるために天皇陛下に京都へお帰り頂いて、京都御所にお住まひ頂いては、などといふものがありますが、現在の京都御所には宮中三殿に相当する祭祀の場がありません。天皇の祭祀をよく心得てゐるものならこのやうな発言が軽々にはできないものです。

3　神鏡

鏡は我が国では古来、神の御霊の依り代とされてゐます。神の御霊がそこに籠るとされてゐるのです。この神鏡は「八咫(やた)の鏡」と申しあげ、天照大御神の御霊がお鎮まりになつてゐる神聖なものです。『古事記』によると高天原で天照大御神が、御孫の日子番能邇々藝命がこの国に降臨するときに、八尺勾瓊（曲玉）、この御鏡、それに草薙剣（天叢雲剣）の三種をお授けになられたとあります。この事は『日本書紀』の本文にはありませんが、一書に同様な「三種の宝物を賜う」たことが書かれてゐます。この御鏡の発祥は高天原で天照大御神が天の岩戸に御籠りになられた時に伊斯許理度売命が鋳つたと伝へます。これを岩戸の隙間から大御神に御覧にいれて、岩戸から大御神を外にお出ししたのです。その際、瑕がついたことが『日本書紀』の一書に書かれてゐます。天孫の降臨の際に大御神は「この鏡は私の魂と同じです。私を祀ると思ひ仕へなさい」と仰せになりました。また『日本書紀』の一書には「この鏡を見るときは私（天照大御神）を見るものだと思ひなさい、また同じ建物内に祭りなさい」とお教へになられたとあります。そして御子孫の十代崇神天皇の時（崇神天皇六年）に、自分と同じ建物に祀るのは畏れ多いとの思し召しにより、御鏡を奉斎するのに相応な所を求め、皇女豊鍬入姫命に託されて、御鏡と共に皇居を出て、最初に大和の笠縫邑に祀られました。後に皇女倭姫命に託されるなどして、約六十年かけて畿内の国内を巡り、垂仁天皇二十六年九月に今の伊勢の神宮（内宮）の地に御鎮まりになりました。そして皇居を出られる時にその代りの御代器を伊斯許理度売命の子孫が同様に作り、これを宮中に奉斎したのです。これが現在の賢所の発祥になります。いづれも神話と密接に繋がり、宗教性の高いものとなつてをります。

　このやうに神宮にお祀りする御鏡と宮中の御鏡とは同体のものですから、ともに皇位とともに継承されていくもので、神宮の御鏡は神宮に祭祀を任せて行ふといふ形をとつてゐます。神宮の二十年に一度の式年遷宮に天皇陛下の御許可や日程の御決定を頂くのもそのためなのです。

　神宮の御鏡は神代以来そのまま今日に至りましたが、宮中の御鏡は波瀾万丈の歴史を乗り越えてきました。神鏡は平安内裏以降温明殿（うんめいでん）といふ建物の中に唐櫃（からびつ）にお納めして、内侍（ないし）と呼ばれる女官によつて祀られてきました。

　平安時代初期の村上天皇の天徳四年（九六〇）九月二十三日に内裏が焼亡しました。この時に温明殿も焼けましたが、焼け跡には御鏡がそのまま残つてゐて、その霊力にみな驚いたとのことです。一説に御鏡は温明殿から飛び出て皇居の南殿の桜木に留まつてゐたのを藤原実頼が装束の袖にお移しして避難したとも伝へてゐます。ついで現在から千年程前の寛弘二年（一〇〇五）十一月十五日にも火災があり、御鏡にはじめて被害が出ました。この時には鏡の轡の部分（裏面の突起、紐を通す部分？）が残ったとのことで、新たに作るべきだとの改鋳の意見もありましたが、そのまま唐櫃にお納めしました。更に後朱雀天皇の長久元年（一〇四〇）九月九日に内裏の焼亡があり、この時には形無く焼け失せました。そして温明殿跡の光り輝く灰を集めて唐櫃に納めてお祀りしました。以上の事は様々な歴史書に記載されてゐます。火災に遭ひ、形を失つたといへ、これ以後の著作である菅原孝標の女（たかすゑのむすめ）が書いた『更級日記』には、「さては内侍所にすめら神となむおはします」と内侍所には皇神（天照大御神）がいらつしやると明確に書いてあり、そのやうな認識が不動なものであつたことが分かります。

しかし、ここで崇神天皇の時に作られた御鏡は灰になつてしまつたのです。洵に畏れ多いことでありました。その後改鋳のことがあり、新たに御鏡は作られ、以来九百年経て、今日に至りました。

三種の神器は皇位の象徴ですから、天皇が皇居から行幸になるときはこれを伴つて行く決まりがあります。安徳天皇が平家とともに西海に幸せられたときには、壇ノ浦までこの三つの神器と共にお出ましになりました。源氏の攻撃により平家一門が壇ノ浦に滅亡した時、御鏡の唐櫃は海上を漂流してゐたのを常陸の武将、片岡経春が取り上げ奉りました。兵たちが大納言平時忠の制止を聞かず、唐櫃の蓋を開けると尋常ならざる光がさして兵たちは目眩き、鼻血が出たと『平家物語』に書かれてあり、神器の宗教性が強調されてゐます。その後御鏡は京都へお戻りになりました。

　建武の中興を果たした後醍醐天皇は、後に足利高氏の叛により神器を奉じて吉野に遷幸なさいました。ここから朝廷は吉野と京都の二統に分かれ世に南北朝の時代がはじまります。後醍醐天皇が一度北朝に渡したといふ神器は偽器であり、神器は吉野方にそのままありました。その後南北朝統一の時に南朝の後亀山天皇から北朝の後小松天皇に神器は渡御し、京都の御所の春興殿（しゅんこうでん）に奉斎されました。

　皇位（天皇の御歴代数）を数へるには、江戸時代までは決まりはなく、神功皇后や大友皇子を加列するか否か、明確ではありませんでした。南北朝に関しても当時（江戸時代）の皇統が北朝からの血脈であることから北朝を代数に数へてきました。それを水戸の『大日本史』が神器＝皇位、との視点から神器の存在した南朝を正統とすべきだと指摘しました。明治末年に国定教科書を作成するにあたり、この指摘を重んじて南朝を採用し、現在に及んでゐます。斯様に神器の所在は重要なものなのです。明治元年（一八六八）、明治天皇は神器を奉じて江戸に下り、江戸城を皇居となさいました。御鏡も御羽車（おはぐるま）に乗御して江戸城に遷座なさいました。明治聖徳記念絵画館にある小堀鞆音（ともと）画伯の描く江戸城入りの図は二重橋の手前に明治天皇の御鳳輦（ほうれん）とその奥（行列の先方）に御鏡の御羽車を配し、故実に則し忠実に描いたものです。

4 神剣

神剣は「天叢雲剣（あまのむらくも）」といひます。神代の昔に須佐之男命が出雲で八俣袁呂智（八岐大蛇）を退治したときに、その尾から出てきたものです。尾の上に常に雲が湧いてゐたのでこの名があります。そして大蛇の退治の証にと高天原の天照大御神に差し上げたもので、それを先にも書いた通り、御孫の日子番能邇々藝命がこの国土に降臨するときに、お授けになられたものです。この御剣も宮中にありましたが、十代崇神天皇の時に、御代器（お代りになる剣）を作り、それを宮中に留め、実物は御鏡とともに宮中を出て旅をして、伊勢へ移られました。のちに倭建命が東征の折に伊勢へ立ち寄り、倭姫命からこの御剣と燧袋を頂きました。焼津で賊によつて火難に遭遇したときにこの御剣で草を薙ぎ、また逆に火を付けて難を逃れたので草薙剣ともいふやうになりました。その後倭建命は尾張の宮簀姫の元に立ち寄り、この御剣をそこに置いたまま伊吹の神と戦ひますが、言挙げをしたことが祟り、負けて遂にお隠れになりました。「をとめの床のへに　わが置きし　剣の太刀　その太刀はや」は『古事記』に載せる倭建命のこの御剣に対する絶唱です。御霊は白鳥になつて大和へ飛んで行つたのです。神剣はそのまま尾張の国造建稲種命のもとに残り、それが現在熱田神宮にお祀りされてゐます。熱田神宮はその点で伊勢の神宮に次ぐ深い由緒と格式があるのですが、平安時代初期の『古語拾遺』には国家の崇敬が不足してゐて畏れ多いことだと指摘されてゐます。現在のやうな規模になるのは中世以降で、殊に神宮に倣ひ神明造りの社殿に改めたのは、明治になつてのことで、宮司を務めた国学者、角田忠行の業績です。

ところで「剣」が三種の神器の中にあることに注目してください。この剣は武具としての剣ではなく、呪術性の高い、神聖なものとお考へください。奈良の石上神宮にある七支刀なども同じやうな意味があります。日本刀が戦闘の道具である以前に魂の籠るものと考へられてゐたのと同じです。

一方、宮中に留まつた御代器の神剣は天皇の傍近くに神璽とともに奉安されてきました。神鏡の項にも書きましたが、壇ノ浦で、安徳天皇が平家一門とともに入水されるとき、二位の尼が腰に神剣を差し、八歳の天皇を抱き奉り海に沈んだと『平家物語』にあります。この時畏れ多いことですが、御剣は海中に紛失し、出てきませんでした。後白河院は平家と共に西へ下つた安徳天皇がもはや京都に戻らないとご判断なさり、院宣を出して後鳥羽天皇を三種の神器なくして御即位させました。平家滅亡後、京都に戻つたのは神鏡と神璽だけで神剣は遂に戻りませんでした。後鳥羽天皇のあとの土御門天皇までは清涼殿の剣を代りに宛て、次の順徳天皇の時に夢想により神宮から蒔絵の御剣が奉献され、以来これを神剣として今日に至つてゐます。

また序でに申しあげますが、皇太子が受け継ぐ「壺切御剣」といふものがあります。これは平安時代に藤原基経が宇多天皇に献上した物で、天皇が東宮の敦仁親王にお与へになりました。これは基経が養父藤原良房から頂いた剣といひます。『西宮記』には延喜四年（九〇四）の保明親王の立太子に、醍醐天皇が父宇多天皇から賜つた剣だと仰せになつたと書かれてゐます。その後治暦四年（一〇六八）の内裏焼亡の折に焼失し、他の剣を宛てましたが、承久の変でまた紛失しました。正嘉二年（一二五八）後深草天皇の皇弟恒仁親王の立太子の時に承久に紛失した剣が勝光明院の宝蔵から発見されたので、それを再び宛て、現在に至つてゐます。皇太子殿下が賢所（宮中三殿）にお出ましの時には東宮侍従がこの御剣を捧持して従ひます。

5　神璽

神璽は「八坂瓊曲玉（やさかにのまがたま）」といひます。現在神璽といふとこの曲玉をさします。また剣璽といふと神剣とこの曲玉を指しますが、時代によつて「神璽」は御鏡と神剣のことであつたりしますので文献を扱ふ時は注意が必要です。この曲玉は神代の昔に玉祖命（たまのおやのみこと）が作つたものだと『古事記』に書かれてゐます。これも神鏡、神剣と同じく天孫の降臨の時に天照大御神がお与へになつたものです。『古語拾遺』はお与へになつたものは鏡と剣で曲玉は自然に従つてきたものと書かれてゐます。この曲玉は代りの物が作られることもなく爾来そのまま皇室に伝へられ今日に至つてゐます。このことは順徳天皇の『禁秘御抄』に神璽は神代以来の物であると書かれてゐる通り、神代そのままのものです。高天原のものが一つは神宮、一つは熱田神宮、また一つが宮中の陛下のお側にお祀りされてゐる事実は重要な視点です。皇位が神話と切り離せないことがお分かりになりませう。神璽の奉安のされ方は神剣と同じで、箱に収め錦で包んで常に陛下のお近くにあります。

この御剣と御璽とは神聖なものでこれを奉安する場が内裏の中に造られました。『禁秘御抄』によると陛下の日常のお住まひである清涼殿の中の夜御殿の枕辺の二階棚に、箱に入れ錦に包んで安置するを常とし、その前の灯火は一晩中消さない慣はしでした。それは剣璽に対する灯火であると書かれてゐます。後に清涼殿の隣に常御殿が設けられると、室町末にそこに剣璽の間が設けられました。文明十一年(一四七九)の『お湯殿上日記』に夜間に還幸になつた後土御門天皇の剣璽を「けんじのまにするするとおきまゐらせらるゝ」とあるので、この頃にはその名で呼ばれてゐたのでせう。尤も神聖な間(部屋)とされたのです。明治の宮殿にも剣璽の間は造られました。

6　剣璽と御動座との関係

神剣と神璽を併せて「剣璽」と称します。これは常に天皇のお近くにあり、天皇が一泊以上の行幸をなさる時にともに動く（御動座といふ）倣はしがあります。剣璽は天皇と不離一体のものなのです。宮中に於いても賢所（宮中三殿）への御祭儀への出御、即位式の際などに侍従（古くは内侍などの女官）が捧持いたします。その際には御剣が陛下の先で御璽が陛下の後に従ひます。壇ノ浦で剣が紛失し、神宮から奉献されるまでは御璽を先に従へました。併置するときには陛下の左が剣、右が璽となります。

明治以降、天皇の皇居外への一泊以上の行幸が増えましたが、剣璽は古式に則し御動座をしてゐました。戦後昭和二十一年（一九四六）秋の千葉県への御巡幸の際に終戦直後の動乱期のため、もしものことを考慮して、この御動座は中止になり、その後世の中に平和が回復されてもこの御動座は復活しませんでした。それには新憲法下、なるべく神話とつながりのある天皇像を拒む考へ方があつたやうです。この御動座が話題になつたのは昭和四十六年（一九七一）の昭和天皇と香淳皇后の欧州行幸啓の時です。天皇皇后両陛下の外国への行幸啓は我が国肇まつてのことです。剣璽を伴ふのか否かが問題となりました。この時には警備上の問題から御動座はありませんでしたが、象徴天皇制のもとでも天皇の御本質は変はるものではありません。そこで神社界などから強く要望がなされ、昭和四十八年（一九七三）の神宮の第六十回式年遷宮後の御親謁（天照大御神は陛下の御先祖のため「参拝」ではなく親しくお会ひする意味の「親謁」といふ語を使ひます）の際に再興され、剣璽を伴つて行幸啓になりました。以来御即位後の神宮御親謁など神宮への行幸の際に剣璽は御動座になられてゐます。

明治の「皇室典範」、また天皇の即位に関して書かれた法律である「登極令」は即位礼を京都の御所で行ふことと規定しました。これは東京で即位式をなさつた明治天皇の故郷京都を懐かしむ思し召しであつたやうです。そのため大正天皇、昭和天皇の御即位の折は京都へ剣璽とともに賢所にお祀りする神鏡も御動座になりました。そのため神鏡、剣璽を奉安する、内部が総檜造りの賢所奉安車が製造されました。今上天皇は東京皇居で御即位式をなさいましたので、神鏡の御動座はなく、神鏡が列車にお乗りになつたのはこの往復の二度だけです。神様が列車にお乗りになるのも日本らしい床しさです。

7　天皇は天照大御神の入れ替はり

以上のことからでもお分かりのやうに宮中祭祀は神話との関連抜きでは語れません。また天皇は神として認識されてゐたのです。『万葉集』に天皇を神として詠んだ歌がありますし、古典には「天皇は天照大御神の入れ替はり」と書かれてゐます。歴代の天皇は天照大御神の御霊の生き通しと考へられてゐたのです。これは当時の人の純粋な考へでした。先の大戦下にあまりにも天皇を現人神と持ち上げた為に、戦後、昭和二十一年（一九四六）元日の新日本建設の詔書では、神話と天皇との繋がりの極端な解釈を昭和天皇は御自身で御否定なさいましたが、天皇の御本質にはなんら変化はありません。

斯様な天皇と神との関係や宗教性、またその現行憲法との不均衡性など、先にあるものへ後から宛（あて）がふための矛盾などが今日では問題視されてきてゐます。

先に触れました御剣と御璽もその宗教性は高い物です。皇位とは神代さながらのものであり、それが百二十五代も連綿と伝へられてきたものです。その認識がある時には問題とはなりませんが、その認識を欠く今日の現行憲法下での初めての今上天皇の皇位継承はその神話性、宗教性が問題になつたのです。とはいへ天皇からそれを除くことはできません。天皇の長い歴史と比較すれば、現行憲法などは僅かな時間です。

そこで御剣と御璽との宗教性を如何に薄めるかが考へられたのでせう。本来御剣と御璽とが渡御するといつた剣璽の主体的な儀式を、天皇が承継するといつた天皇主体の形にしました。名称も「剣璽等承継の儀」となつたのです。この「等」に注目してください。承継したものは御剣と御璽との他にまだあることを示してゐます。このときには剣璽の他に日本国の印鑑である国璽、また天皇の印鑑である御璽も付け加へられました。これで剣璽の宗教性を少しでも薄めようとしたのでせう。

同じやうなことは平成の御即位式の威儀物にも表はれました。御即位式には萬歳旛、日像纛旛（たうばん）、月像纛旛、菊花章大錦旛、菊花章中錦旛、菊花章小錦旛、桙（ほこ）、鉦、鼓が威儀物として飾られ、式を盛り立てました。これは明治四十二年（一九〇九）に制定された「登極令」に倣つたものです。「登極令」には即位式の威儀物について、次のやうにあります。

> 南庭桜樹ノ南方ニ日象纛旛赤地錦ニ日象ヲ繍シ纛竿ニ懸ク一旒、橘樹ノ南方ニ月像纛旛白地錦ニ月像ヲ繍シ纛竿ニ懸ク一旒ヲ樹ツ日象纛旛ノ南ニ頭八咫烏形大錦旛五彩瑞雲ノ錦ニ頭八咫烏形ヲ繍シ戟竿ニ懸ク一旒、月像纛旛ノ南ニ霊鵄形大錦旛五彩瑞雲ノ錦ニ金色霊鵄ヲ繍シ戟竿ニ懸ク一旒、菊花章中錦旛青地錦、黄地錦、赤地錦、白地錦、紫地錦各一旒、金糸ヲ以テ菊花章ヲ繍シ戟竿ニ懸ク菊花章小錦旛同上左右各五旒、順次之ヲ樹ツ大錦旛ノ前面ニ萬歳旛赤地錦、上ニ厳瓮及魚形ヲ繍シ下ニ金泥ヲ以テ萬歳ノ二字ヲ書シ戟竿ニ懸ク左右各一旒ヲ樹テ小錦旛ノ前面ニ鉦、鼓火焔台ニ懸ク左右各三面、桙金鍔、黒漆柄、赤色錦旛、金繍鞆絵左右各十竿ヲ布列ス

「登極令」は戦後廃止されましたが、平成の即位の礼はこれに準じて行はれました。しかし「登極令」と比較すると平成の御即位式には二つのものが除かれてゐることがわかります。それは「八咫烏」「霊鵄」を刺繍した二本の大錦旛です。何れも神武天皇の即位に至る神話に描かれてゐる神異であり、道案内をした八咫烏、賊を平らげた霊鵄（金鵄）です。この大錦旛は古来即位式の威儀物として用ゐられてきたものでしたが、なるべく神話との繋がりを避けてか平成の即位式から故意に除

いたのでありませう。実はそれだけではなく、「萬歳」の文字を刺繍した萬歳旛にも変化がありました。今回、萬歳旛は使用されましたが、「登極令」にある、文字の上にある厳瓮（いつへ）と魚形（鮎）の刺繍が除かれ、ただ「萬歳」の文字だけになりました。この厳瓮と魚形（鮎）の刺繍はいづれも神武天皇の神話に関する図案であつたために平成度には除かれたのでありました。即位の礼は国の行事として行はれたがゆゑに斯様な所にまで細かな政教分離がなされたのであり、天皇の神格化、神武天皇との繋がりの否定が巧みになされたのであります。

8　御製に拝する歴代天皇の祈り

我が国の天皇は御歴代「祈り」を続けられてきました。そのことは御歴代の天皇の御製から伺ふことができます。平安時代の円融天皇の御製に

万代をいのりに立つるつかひをば別もいたく惜しまざらなむ（『続古今集』）

とあります。これは即位後宇佐神宮へ宇佐使を発遣される事を詠まれたもので、御代のはじめの平和を祈られたものです。以下神祇を詠まれた御製を幾つか紹介いた

しませう。

榊とりますみの鏡かけしより神の国なる我が国ぞかし　後嵯峨天皇（『続拾遺集』）
天つ神国つやしろをいはひてぞわが葦原の国はをさまる　後宇多天皇（『風雅集』）
世治まり民安かれと祈るこそわが身につきぬ思ひなりけれ　後醍醐天皇（『続後拾遺集』）
天てらす神の斎垣のすゑとほく治めしるべき世をや祈らむ　後陽成天皇（『一夜百首』）
身の上はなにか思はむ朝な朝な国やすかれといのるこころは　桜町天皇（元文五年）
みのかひは何いのるべき朝な夕な民安かれと思ふばかりを　光格天皇（世評書留）
あさゆふに民やすかれとおもふ身のこころにかかる異国の船　孝明天皇（安政元年）

いづれも「民」の上を案じ、国安かれと祈られてゐます。
明治天皇は歌聖とも称されるほど多くの御製をお詠みになりました。お手許の使ひふるしの封筒を裂いてメモとされ、歌を御自身で推敲なさつておいででした。神

祇を詠まれた歌も数知れませんが、御敬神の念が伺へるものばかりです。国民、国家を祈念されたものとしては

　ちはやぶる神のまもりによりてこそわが葦原のくにはやすけれ

　国民のうへやすかれと思ふにもいのるは神のまもりなりけり

とあります。

　昭和天皇も御即位後の昭和六年（一九三一）に

　ふる雪にこころきよめて安らけき世をこそいのれ神のひろまへ

とお詠みになり、また昭和八年（一九三三）の歌会始には

　天地の神にぞいのる朝なぎの海のごとくに波たたぬ世を

とお詠みになりました。この歌はのち紀元二千六百年を記念して、宮内庁楽部の多（おほの）忠朝（ただとも）により「浦安の舞」として作曲、作舞され、今日でも全国の神社で大祭などの折に奏されてゐます。また昭和五十年（一九七五）には「祭り」と題されて

　わが庭の宮居にまつる神々に世の平らぎを祈る朝々

とお詠みになりました。言ふまでもなく宮中三殿への毎朝の御祈念を仰せられたものです。

今上天皇も皇太子殿下の時代から宮中祭祀に臨まれ、祭祀に関してのお歌を詠まれておいでです。昭和三十二年（一九五七）の歌会始の御題は「ともしび」でしたが当時東宮でいらした今上陛下は新嘗祭の様子を次のやうに詠まれました。

　ともしびの静かにもゆる神嘉殿琴はじきうたふ声ひくくひびく

御父昭和天皇の斎行なさる新嘗祭は陛下にとつてもお心に残る祭儀であつたのでせう、昭和四十五年（一九七〇）には「新嘗祭」の御題でお歌をご発表になりました。

　松明の火に照らされてすのこの上歩を進め行く古思ひて
　新嘗の祭始まりぬ神嘉殿ひちりきの音静かに流る
　ひちりきの音と合せて歌ふ声しじまの中に低くたゆたふ
　歌ふ声静まりて聞こゆこの時に告文読ますおほどかなる御声

新嘗祭の御祭儀の模様をこのやうに時間的に表現されたお歌は貴重でありませう。楽とともに神饌の行立があり、昭和天皇はご自身で天照大御神にお供へになられ、ご自身でもお召しになり、そののち御告文を奏上されます。天皇陛下は皇太子として昭和天皇に供奉され、神嘉殿内の隔殿に御伺候なさつておいででした。それをお歌になさつたのです。同様に新嘗祭のお歌は昭和五十年（一九七五）の歌会始でもお詠みです。この年の御題は「祭り」でした。

神あそびの歌流るなか告文の御声聞こえ来新嘗の夜

昭和四十九年（一九七四）の歌会始の御題は「朝」でしたが、天皇陛下は歳旦祭のご様子をお詠みになりました。

神殿へすのこの上をすすみ行く年の始めの空白み初む

歳旦祭は元日の早朝、四方拝が済んだ後に宮中三殿で行はれます。この時は皇太子でいらしたので、昭和天皇の御拝のあとにお出ましになられたことをお詠みになりました。

平成の御代になつてからも祭儀の御製をお詠みになられてゐます。

父君のにひなめまつりしのびつつ我がおほにへのまつり行なふ

「大嘗祭」と題されたこの御製は御即位後に行はれたご自身の大嘗祭のことを御父昭和天皇の新嘗祭をお偲びしてお詠みになられたものです。また平成十七年（二〇〇五）には「歳旦祭」と題してお詠みになつてゐます。

明け初むる賢所の庭の面は雪積む中にかがり火赤し

また皇后陛下も皇太子妃の時の昭和五十四年（一九七九）に、歳旦祭にお出ましの（当時の）皇太子殿下をお詠みになられてゐます。

　去年の星宿せる空に年明けて歳旦祭に君いでたまふ

皇后陛下には旬祭にお出ましの陛下をお詠みになつたお歌があります。これは平成二年（一九九〇）のもので、旬祭は昭和天皇の御高齢化に伴ひ、一月、五月、九月の御親拝のみと簡略化され中断されてゐたのを、今上陛下は御即位とともに旧儀に戻されご自身でお出ましになられました。

　神まつる昔の手ぶり守らむと旬祭に発たす君をかしこむ

以上どの御製を拝しても、御歴代の天皇の祭祀に対する深き思し召しを伺ふに足るのです。

9　御著述から拝する歴代天皇の祈り

御歴代の天皇には御製の他に御著書をものせられたお方も多くおいでで、そのことは和田英松著『皇室御撰之研究』に詳しく書かれてゐます。天皇の御著作の中でも禁中の作法、殊に年中行事や祭祀について御述べになられたものがあります。江戸時代の初めの後水尾天皇はその著『当時年中行事』の序に「順徳院の禁秘抄、後醍醐の仮名年中行事などいひて禁中の事ともかかせ給へるものあり、寔に末の世の亀鑑也」と書かれてゐる通り、順徳天皇の『禁秘御抄』と後醍醐天皇の『建武年中行事』『日中行事』は当時の宮中での様々なことを伺ひ知ることができる好著であります。中でも『禁秘御抄』は今日でも天皇の祈りを伺ふに適した御著でありす。この御作は『皇室御撰之研究』によれば建保六年（一二一八）以後三ヶ年の間に書かれたものとのことで、御年二十二歳頃の御著述となります。鎌倉幕府成立後は宮中のありかたも変容し、順徳天皇は御父後鳥羽院とともに倒幕の思し召しから承久の変を御企図なさり、遂には佐渡へ御配流となり、その地に崩じられた悲運の天子にましました。百人一首の最後の「百敷きや古き軒端のしのぶにもなほあまりある昔なりけり」の御歌がこの帝のお嘆きのお歌であることに私は深く感じ入るのです。

『日本書紀』の孝徳天皇の大化元年（六四五）、大化の改新の時に、「先づ以つて神祇を鎮祭し、然る後まさに政事を議すべし」と神事の優先が説かれてゐますが、この『禁秘御抄』は開巻第一がこれと同じく「禁中作法先神事　後他事」と神事の優先を示されてゐます。後水尾天皇が「末の世の亀鑑也」と仰せられた通り、後代の天皇はみなこの著作を学びました。『お湯殿上の日記』の永禄五年（一五六二）の条に正親町天皇が三条西公条から五日間この書の講義をお受けになられたことが記されてゐます。

またこのやうな敬神の御作法の表はれとして『禁秘御抄』には次に「神宮、内侍所の方に足を向けてはいけない」とあります。京都の御所（皇居）は伊勢の神宮のある巽の方角に内侍所（賢所）を設けてありますのも、この意をうけて、御足がそちらに向かないやうに考へたもので、現在の皇居においても宮殿や御座所と神宮との地理的な関係から、宮中三殿の位置をお定めになられました。京都御所同様、宮殿の御座所から宮中三殿と神宮が一直線になるやうに工夫されてゐます。

この御敬神には興味深いお話があります。明治天皇は静岡御用邸（昭和二十年六月の静岡空襲で焼失。現静岡市役所あたり、現在明治天皇の御製碑が残る）の御座所のお机の向きを、神宮と皇居の賢所（宮中三殿）との位置関係から、置き直されたといひます。この御用邸のお机は御座所の床柱の前に斜めに据ゑてありました。本来は正面に据ゑてありましたが、明治天皇は神宮と皇居の賢所（宮中三殿）のいづれにも足や背が向かないやうに置き直されたものでした。陛下のお住まひになる場では御所をはじめ御用邸や行在所でも神宮と賢所（宮中三殿）との位置を考慮されるのです。

第二章　宮中三殿と職掌

1　宮中三殿とは何か

皇居正門の石橋を渡り、鉄橋の手前を左に入る道があります。これを道なりに直進するとその左側に木立に囲まれた土塀と門が見えてきます。この中に南面した木造の三棟の銅板葺き入母屋造りの御殿と、付属する建物がある聖なる空間があります。三棟の中央には第一章の３項に述べた天照大御神の御霊をお祀りする賢所、その向かって右（東側）に、天皇をお守りする八神の他、天地八百万の神様をお祀りする神殿があります。また賢所の向かって左（西側）には御歴代の天皇、后妃、皇族の御霊をお祀りする皇霊殿があります。この三棟の建物を総称して賢所又は宮中三殿と申しあげます。賢所の御床が一番高く、他の二棟はやや低く、同じ構造ですが、また賢所よりもやや小さめに造られてゐます。賢所の前には楽を奉奏する神楽舎があり、その南前に正門があります。神殿の東には神楽歌を演奏する奏楽舎があります。また三殿の後には綾綺殿（りょうきでん）があります。付属する建物として、新嘗祭が執り行はれる神嘉殿が皇霊殿の西にあり、その南庭を隔てた南に神嘉門があります。皇霊殿と神嘉殿の間には新嘗祭の折の神様のお食事である神饌（しんせん）を調へる膳舎があります（145頁参照）。また参列者が並ぶ幄舎、手水舎などがあります。いづれも明治二十二年（一八八九）にかつての明治宮殿と共に建てられました。明治維新後に京都から賢所を奉じて江戸城にお入りになつた明治天皇は、賢所を旧江戸城の山里の地にお祀りされました。明治六年（一八七三）に皇居（旧江戸城）が火災で焼け、天皇は赤坂御用地を仮皇居となさいましたので、賢所もそちらへ御遷座になりました。爾来十六年間赤坂での御生活をお送りになり、明治二十二年（一八八九）の宮殿の落成と共に一月十一日に皇居に御移徙なさいます。それに先立つ九日に仮皇居から賢所、神殿、皇霊殿の神々が御遷座になりました。後で申し述べますが、ここにも神事を優先されるお考へが伺へます。

2　賢所

第一章の3項で述べた神鏡をお祀りする建物で、「かしこどころ」と読みます。皇室の御祖先の神様である天照大御神をお祀りするため、畏れ多いのでこの名が付きました。賢所の他に古書には「恐所」「威所」とも書かれます。漢字の音を用ゐて「けんしょ」とも申します。また「温明殿」ともいひます。平安時代には内侍といふ女性が奉仕したので「内侍所（ないしどころ）」とも申します。『源氏物語』にも「霜月になりぬ、神わざなどしげく、内侍所にもこと多かるころにて」（真木柱）とあり、十一月には賢所の祭祀が夥しく行はれてゐたことがこの物語にも反映されてゐます。

賢所は三殿の中で中央に位置し一番高貴な建物で、御床も他の二殿よりも一尺高く設計されてゐます。宮中では十二月のはじめに賢所の煤払へ（大掃除）があり、御障子などの張替へがあつて、それが済むと御所の大掃除がはじまるとのことです。明治天皇の御製に

　ちはやぶる神のおましをはじめにて今年の塵をはらはせてけり

といふものがございます。「神のおまし」とは賢所のことです。

賢所では全てが高貴な人にお仕へする作法と同じに、神様に接します。このことはかつて内掌典でいらした高谷朝子様の『宮中賢所物語』に書かれてゐますのでご参照下さい。

陛下が拝礼をする内陣、神様がお鎮まりになる内々陣との間には御簾、御帳があるだけです。御床は奥へ行くにつれ高くなつてゐます。この内陣、内々陣と奥深く

神様のお近くにお仕へ出来る方は内掌典と呼ばれる女性だけで、神様に御奉仕する掌典といふ男性は入れません。これは宮中の古くからのしきたりです。また内々陣の御神座のお近くの天井から御鈴をつけた赤い御紐が垂れてゐます。天皇陛下がこで御拝礼をなさつたあと、内掌典はこの御鈴の紐を振ります。さやさやと涼しい音が十分ほど御殿の内外に響きますが、陛下はこの間御平伏して深い祈りを捧げられると承ります。この御鈴は神様が御祈念をお聞きになられたことを意味するとのことです。このことは平安時代にもすでにあつたことで古典に見え、また鎌倉時代の『徒然草』にも「内侍所の御鈴の音はめでたく優なるものなりとぞ」と兼好は徳大寺太政大臣からの聞き書きを記してゐます。古くから天皇の祈りが続いてゐる証です。

賢所の内々陣の御神座には天照大御神の神御が唐櫃に納められてお祀りされてをります。

平安時代の文献にはこの唐櫃が二合、また三合あつたことが書かれてゐます。『禁秘御抄』には唐櫃二つとあります。現在も二合お祀りされてゐると承ります。平安時代に火災で御焼失した御鏡の御灰と新鋳の御鏡なのか、また北朝にてお祀りされてゐたものなのかよく分かりませんが、御丁重にお祀りされてゐることが伺へます。この御唐櫃は錦の布で覆はれてゐて、天皇が即位されるとこの錦の御包みをお取り替へになる行事があります。これを「御搦(おから)めの儀」と申します。今上陛下が御即位ののちにもこのことは行はれました。

現在の京都御所にはその東南隅に春興殿があります。これは大正天皇の御即位式の時に東京から賢所の京都渡御に際して新造されたもので、元々の京都御所の内侍所は御所の東南の隅、建春門の内側にありました。明治二年（一八六九）三月の明治天皇の御東幸以来、御鏡は現在の皇居に御鎮座になり（赤坂仮皇居には御遷の時もありましたが）、この京都御所の御殿は明治二十三年（一八九〇）、奈良の畝傍山(うねびやま)麓に神武天皇をお祀りする橿原神宮が御鎮座になつた折、明治天皇の思し召しで内侍所と神嘉殿を御寄進なさいました。今日の橿原神宮の御本殿は京都の安政内裏の内侍所（賢所）なのです。なほ今日では賢所の一般の参拝は出来ませんが、皇居の勤労奉仕に参加したときなど、三殿の清掃を命じられ特別に参拝出来る場合があります。古くは一般の参拝も出来たやうで、中世の記録にもそのことが見えます。徳川時代には年に数度宮中に庶民が入れる日があり、賢所の参拝も出来ました。明治二十二年（一八八九）に鎮座になつた賢所の屋根は桧皮葺でしたが、明治三十八年（一九〇五）に朽損を考へて銅版に葺き改められました。その際、賢所構外西南の地に御仮殿を建て、爾後何かの工事の折には、こちらへ御遷座になる事となりました。また昭和十九年（一九四四）十一月より翌二十年（一九四五）八月まで戦争の難を考へて、この御仮殿近くに地下壕を設け、地下壕式御仮殿に奉祭されてゐました。

3　神殿

神殿は賢所の東側にある建物で、天地神祇八百万神をお祀りしてゐます。本来天皇のお守りの神として平安時代の内裏にも御巫祭神八神（神産日神、高御産日神、玉積産日神、生産日神、足産日神、大宮売神、御食津神、事代主神）をお祀りしてゐました。この産日は「むすひ」と読み、物事の生成発展の元になる奇霊を意味する古語です。中世には神祇官の西院に奉斎して八神殿と称してゐましたが、神祇官制度が瓦解したのちは京都の吉田家が私に鎮斎してきました。天正十八年（一五九〇）に勅により白川伯家に神祇官代が設けられ、宝暦元年（一七五一）には八神殿が再興されました。

明治維新後、東京に神祇官が再興されると（明治二年十二月）、その神殿に八神を始め天地神祇を奉斎なさいました。また明治四年（一八七一）には京都の白川家の八神をそこへ遷座、合祀され、神祇省が廃止になつた明治五年（一八七二）四月に、その神々を宮中の賢所と同域に御鎮斎なさいました。以来賢所と同様に、一時赤坂の仮皇居に御遷座のことがありましたが、この御三殿の落成とともにお遷りになり今に至ります。

4　皇霊殿

皇霊殿は賢所の西側にある建物で、ここには天皇陛下のご先祖に当たられる御歴代の天皇、またその后妃、皇子女などの御霊をお祀りされてゐます。『日本書紀』天武天皇十年（六八一）五月に皇祖の御魂を祭つた事が記されてゐます。皇室における御先祖祭には古くからの伝説があります。この御霊は京都の御所の清涼殿の北側にあつた御黒戸と呼ばれるところに仏式でお祀りされ女官が奉仕してゐたものです。「黒戸」とは女房言葉で仏壇を意味します。徳川時代の御歴代の天皇はじめ皇子女の御陵墓は京都の南にある泉涌寺にあり、その御霊は泉涌寺でもお祀りし御供養をなさつてゐました。明治維新後、この仏式による先祖の御供養を神式に改め、「黒戸」の御位牌等を明治二年（一八六九）、京都東山方広寺境内に恭明宮を建ててそこに移しましたが、明治六年（一八七三）には恭明宮を廃止して御位牌はじめ仏像等を泉涌寺へお移しになりました。そして御霊は東京へお遷りになりました。また更にそれらの御霊を皇霊と総称して明治二年（一八六九）六月に神祇官にて御祭典があり、この年の十二月に神祇官に神殿を建て設け、八神とともに皇霊をもお祀りになりましたが、明治四年（一八七一）九月に皇居内の賢所の同域に独自の皇霊殿を建立して、そこに奉斎なさいました。以後は賢所と同じく一時赤坂の仮皇居に御遷座のことがありました。その後、明治十年（一八七七）には歴代の天皇、皇妃、皇親の御霊を合祀、明治十八年（一八八五）には追尊の天皇の御霊を合祀になり、この御三殿の落成とともにお遷りになり今に至ります。神殿と皇霊殿とは、神殿の方が上位でありますが、御拝礼には御祖先への御敬慕の念から皇霊殿を先になさいます。

5 神嘉殿

神嘉殿(しんか)は皇霊殿の西側にある建物で、南面して建てられてゐます。ここは宮中祭祀で最も重要である祭祀の新嘗祭の祭場にのみ御使用になるところです。ここには常に神様がお祀りされてゐるわけではありません。新嘗祭の時にお招きするのです。神嘉殿は平安時代には中和院の一部とされ、神今食(じんこんじき)、新嘗祭が行はれたところです。徳川時代の寛政の内裏復古の後、同三年(一七九一)に神嘉殿も再興されました。そのち嘉永七年(一八五四)に焼失し安政二年(一八五五)に再建されてゐます。東京にお移りののちは明治五年(一八七二)に皇居の山里に建てられましたが、火災で炎上し、暫くその施設がありませんでした。明治二十二年(一八八九)、他の建物と同じくして御三殿の隣りに建てられました。この南面の前庭に御仮舎を立てて四方拝の時の拝所とします。

6 綾綺殿

綾綺殿（りょうき）は賢所の北側にある建物で、天皇陛下の御潔斎や御改服の場です。また新嘗祭の前日に行はれる鎮魂祭の祭場になります。平安内裏では神鏡を祀る温明殿の西側に綾綺殿があり、それに倣つた名称であります。綾綺殿の西北に東宮便殿があり、皇太子同妃両殿下はここで御潔斎、御改服なさいます。

7　掌典職と内廷費

掌典職（しょうてんしょく）とは宮中祭祀を担当する部署であり、日本国憲法の施行に伴ふ宮内省の廃止により、国家機関としての宮中の祭祀が廃止になつたため、制度上内廷の部局とされ、天皇の直接の私的使用人（内廷職員）といふ立場（皇居の中に勤務するが国家公務員ではない）であります。職制や職名は宮内省時代のままを踏襲してゐます。掌典職の長を掌典長、次に掌典次長、実際の祭祀に預かる掌典、祭典の諸準備や祭祀に関与する掌典補、また未婚の女性で内々陣の神様のお近くに御奉仕する内掌典（五人）がゐます。内掌典は古くは刀自（とじ）などとよばれてゐました。これは神様のお近くには女性が奉仕してゐた古代の名残で、実に特殊なもので、それが宮中では堅く守られてゐるのです。賢所が東京に遷られてより、それまで宮中では女性の内侍が奉仕してゐたのを改め、明治四年（一八七一）九月から男性が御奉仕することになつたのです。組織の制度上、皇室祭祀令などでは祭祀には掌典長以下男性が奉仕してゐますが、一番重要な毎日の御奉仕は今日でも内掌典がお勤めになります。このの ち明治四十年（一九〇七）の皇室令第三号（宮内省官制）により掌典は十二人を定員とされました。また昭和二十二年（一九四七）の職制には掌典長一人、掌典次長一人、掌典五人、内掌典五人、出仕三人、雑仕二人の計十七人と定められ、宮中での祭祀に奉仕するとともに、歴代天皇の式年祭や勅祭社の勅使の役をする内廷の職員とされました。内廷の職員の給与は陛下のお手元金（内廷費、公金ではない）から支給されます。また宮中三殿の祭祀の費用などもそこから支払はれます。神宮の式年遷宮に御寄進になられる御内帑金（ないど）もここから出ます。

8　楽師と御神楽

神事は神の御霊を安んじ、更なる霊威の発揮を祈念するものであります。そのために大前で御神楽が奏されます。これを「みかぐら」と読みます。宮中では十二月の半ばに賢所の大前で一晩通して御神楽（神楽歌）が奉奏されます。これを「賢所御神楽の儀」と申します（90頁参照）。また、神武天皇祭、昭和天皇祭の御祭儀には、夕刻から大前で御神楽が奏されます。この御神楽に奉仕するのは宮内庁の楽部の楽人（楽師）です。古く宮中には音楽を司る部署がありました。大宝律令によつて治部省に雅楽寮が設けられてゐます。日本古来の神楽と大陸を発祥として我が国に伝へられ、我が国での独自の文化を形成した舞楽とを伝へたのです。楽人は各家で専門の楽を伝へ、宮中にも奉仕してきました。時には天皇が御自から宮中の御神前にて楽を奏されることもありました。これらの楽の家は徳川時代には京都、南都（奈良興福寺）、難波（四天王寺）と別れ、三方楽所と称されました。明治三年（一八七〇）になつてこれらの楽人を東京に纏め、太政官に雅楽局が設けられ、これが宮中の楽部の始りになります。雅楽（御神楽）も三方でそれぞれ相違してゐたのを明治選定譜により統一して今日に至つてゐます。この楽部では洋楽も併習することになり、今日でも外国から国賓が来朝した際の宮中の晩餐会などで洋楽を演奏します。宮中三殿での祭祀楽も楽部の奉仕になります。楽部は宮内庁の職員で国家公務員（定員二十六人）ですので、宮中祭祀が陛下の個人的な祭祀と憲法で規定されてゐる今日、祭祀への奏楽、奉仕は休暇をとり、私人の形で行はれてゐるとのことで、これも実に変則的な事になつてゐます。例へば毎年八月の一日の大宮の氷川神社の大祭には明治天皇の思し召しから勅使とともに楽部による楽人が派遣され、御神楽東遊が奉納されますがこれも休暇の身で参向してゐます。

9　祭祀王の天皇とその御装束

天皇陛下が宮中祭祀でお召しになる御装束には束帯、祭服、引き直衣（なほし）、小直衣の四種類があります。皇后陛下がお召しになるものは五衣と白の祭服があります。束帯は腋を縫つてある縫腋袍（ほうえきはう）（以下束帯は皆同じ形）で、陛下の束帯の色目は黄櫨染（くわうろせん）です。これは太陽の昼間の時間の輝きの色をあらはします。紋は桐竹鳳凰麒麟洲浜（きりたけほうわうきりんすはま）を箱形（四角形）に織つたもので、これは天皇御一人の御料で禁色（他の人が使用してはならないとされる色目、紋）です。鳳凰は梧桐の林に棲み竹の実を啄むとの故事によつたもので、すでに平安時代の儀式書『江家次第』にこの装束の紋が見えます。麒麟と洲浜が加はり箱形になつたのはこれより後の時代です。この装束で御三殿の御祭儀に臨まれます。この束帯の御袍は天皇の正式な時の着用のものでありました。明治以降は洋服を採用されましたので、この御袍は現在では即位式、即位後神宮親謁の御儀、また宮中祭祀の場で着用なさいます。冠は纓（えい）が明治以降は直立する形となり立纓（りふえい）冠と申してをります。黄櫨染御袍と全く同じ作りで色目が黄麹（きじん）（菊麹（きくじん）とも）のものがありました。これを黄麹袍または山鳩色の袍と申してをりました。これは明治以前の天皇の内々での所用でありました。

祭服は新嘗祭の折にお召しになるもので、純白の生絹（すずし）で仕立てます。生絹とは蚕の吐いた糸を練らずにそのまま使ふものです。これは束帯と同じ仕立てですが、足元の蟻先（ありさき）の部分の襴（らん）が外に出ずに内部で折りたたむ形の入襴（にゆうらん）の装束で、束帯の古い形を残してゐます。最も重い祭儀にはこのやうに御装束も古様のものをお召しになるのです。御冠（おんかんむり）は纓（えい）を巾子（こじ）の前に折り、さらに後ろに曲げ、そこへ生絹（すずし）の布で巾子に巻き付ける御幘冠（おんさくのかんむり）を召されます。これは天皇陛下が御自身で神様に御親供なさる御鄭重な祭儀に冠の纓が当たるなどの粗相を防ぐもので、敬神の念の表れと拝します（なほ、御即位当日の三殿への御奉告、大嘗祭には御祭服とほぼ同じ仕立てで、練絹を用ゐられた帛御装束をお召しになります)。

御引き直衣は勅使の発遣の御儀などに召されます。白地に小葵の紋の直衣で腰下を捌いて引いて着用するためにこの名があります。袴は緋色で、冠は立纓冠を召されます。これは徳川時代には天皇の御日常のお召し物でありました。この時代の天皇はこの装束で毎朝の石灰壇の御拝をなさつておいででした。小直衣は十日ごとの旬祭の折、また六月、十二月の晦日に行はれる節折の御儀にお召しになられます。小直衣は腋があいた直衣でこの場合の御冠は御金巾子の冠を召されます。これは御績冠同様に冠の纓を矯め、それに金箔を施した檀紙に切れ目を入れて巾子を挟んだ形のものです。これは徳川時代まで天皇の内々の時にお召しの冠でありました。明治以降洋服を採用になりましたが、このやうに神事に当たつては古来からの慣例に倣ひ、それぞれの我が国の伝統装束をお召しになられるのです。なほ黄櫨染の御袍は天皇が即位すると、新帝と同じ御料のものを京都の広隆寺の聖徳太子像に御寄進になります。広隆寺ではそれを天皇の御在位中聖徳太子像に着付けます。現在広隆寺には室町時代後期の後奈良天皇の御料のその装束裂を始めとして、以後歴代の天皇の黄櫨染の御袍が伝へられてゐます。

皇太子殿下がお召しになるものは束帯でその色目は黄丹（日の出の時の太陽の色、または朝日が出たときの空の色）で鴛鴦丸の紋が織り紋とされてゐます。これは皇太子一人の所用で禁色です。皇太子妃は五衣です。皇族方は束帯で色目は黒で雲鶴の織り紋です。

10　毎朝の御拝

宮中三殿は年間午前六時に開扉します。その後、清掃を奉仕したのち、毎日神饌をととのへ午前八時に賢所、皇霊殿には内掌典が、神殿には掌典がお供へものである「日供」を奉ります。そして、天皇陛下は侍従を毎朝、宮中三殿へご自分の代はりに参拝する「代拝」を仰せつけられてゐます。当直の侍従はモーニングに更衣の上、御所から賢所へ赴き賢所正門から入り、朝の八時半に庭上から御三殿に拝礼するのです。終了後陛下に復命します。これを「毎朝御代拝」といひます。明治四年（一八七一）十月二十九日制定の四時祭典定則に「賢所皇霊日々御代拝、同日供」を小祭の一つとして記してあります。これは一日たりとも欠かせたことはありません。その間、天皇陛下はお慎み遊ばされます。本来御自身でなさるところですが、諸般御多忙にわたらせられる陛下にはその時間的余裕がないことによります。昭和五十年（一九七五）八月三十一日までは侍従は神事服である白の浄衣に着替へて烏帽子をかぶり、馬車に乗つて賢所候所に入り、御代拝をお勤めしてゐました。

　この毎朝の御拝礼は御歴代の天皇が最もお気を使はれたことでありました。御歴代の天皇は京都の御所の日常の御座所である清涼殿の東南隅にある石灰壇（いしばいのだん）から御所の内侍所、またその延長線上にある神宮を毎朝御拝礼になりました。その時には御引直衣を召されます。御所の造りも石灰壇から、内侍所、神宮が一直線になるやうに配置されてゐました。神事重視の考へが伺はれます。この石灰壇のことは平安時代初期の文献（『侍中群要』など）に見え、かなり古いものと見えます。これは床の板を張らずにその高さまで、地面から石灰を漆喰（しつくひ）でぬりかためたもので、殿内ではあつてもその場は外の地面と同じであると見立てたのです。古くは天皇は毎朝庭に出られて、庭上下御（下座）の御作法で祈りを籠められたのでありませう。それが天候などによつて左右されますので、このやうに地面と同じ見立てのしつらひをお部屋の中に設けて御拝をなさつたのであります。今日の正月の四方拝にその御姿が伺へます。これは毎朝なされ、陛下が御不予などの時には神祇伯家の白川家に仰せられて代行させてゐたのです。

第三章

宮中三殿の諸祭

1　宮中三殿の祭典

宮中三殿では以下述べるやうに年間二十回ほどの大小の祭典があり、また十日毎の旬祭、毎日の御日供、侍従の御代拝などが行はれてゐます。大祭には天皇皇后両陛下、皇太子同妃両殿下のお出ましと御拝礼、また天皇陛下が御自から御告文を奏せられ、小祭は天皇陛下と皇太子殿下のみの御拝礼となります。但し皇霊の御祭祀には御先祖御追慕の念から皇后陛下を始め妃殿下方の御拝礼があります。旬祭は天皇陛下のみの御拝礼であります。かやうに年間度々の御拝礼があることは、天皇陛下をはじめ皇室の方々がいかに宮中祭祀を重要視されておいでであるかの証であります。これらの諸祭にはその起源が不明であるやうな古儀もあれば、明治になつてはじめられたものや、再興になつたものもあります。祭儀の次第は明治四十二年（一九〇九）に制定された皇室祭祀令に拠つてゐました。しかし日本国憲法の施行に伴ひ、昭和二十二年（一九四七）五月一日に皇室令第十二号を以つて「皇室令及付属法令ハ昭和二十二年五月二日限リ之ヲ廃止ス」とされました。かやうに皇室に関する諸法令が廃止された時にこの祭祀令も廃止となり、祭儀の準拠するべき法令がなくなりました。このやうな場合にはそれに代はる法令、規定の制定されるまでは旧法令に準拠して処理すべきとの宮内府長官の「依命通牒」が出され、宮中祭祀も皇室祭祀令に準拠して行はれてきました。現在でもそれに準拠して行はれてゐますが、その「依命通牒」は昭和五十年（一九七五）九月四日に宮内庁法令集から削除されてゐます。戦前に細かに定められてゐた各皇室法でしたが、戦後に新たに定められたのは「皇室典範」のみであり、誠に遺憾なことであります。以下御祭典のあらましを書きます。

2　新年の諸祭

（四方拝　歳旦祭《小祭》　元始祭《大祭》　奏事始）一月一日～

宮中では新年は祭儀から明けます。まづ四方拝の儀があります。これは年のはじめに天皇が、神宮をはじめ四方の神々や御陵を遙拝され、この年の平和と国民の幸福を祈念されるもので、平安時代の中期には確立してゐた祭儀です。古くは寅の刻（午前四時ころ）に出御されてゐましたが、現在は午前五時半に神嘉殿の南庭の御屋根を設へた御拝所に脂燭の灯りのもと御剣とともに出御になります（以下の祭典には一々書きませんが、大祭には必ず御剣と神璽とを、小祭には御剣のみを伴はれて出御になります。これが重要なことなのです）。天皇陛下はこれ以前に綾綺殿にお出ましのうへ御束帯にお召し替へになります。御拝所は薦（こも）を敷いた上に白布を敷き、その上に真薦、蘭薦を敷き、御拝座の厚畳を設け、燭台二基を立て、その周囲を御屏風二双で囲つたものです。そこで庭上下御、両段再拝といふ御丁重な御作法（118頁参照）で神々を御拝なさいます。元旦の早朝は辺りは暗く、星が輝く、肌をさす寒さの中での年始の御祭儀であります。平安時代の儀式書である『西宮記』や『北山抄』などにも見える儀式で平安時代の初中期の宇多天皇の頃には行はれてゐました。古く年のはじめに四方を拝み、その年の幸ひを祈ることは民間でも行はれてゐたのでせう。

天皇陛下が屏風の中の御拝座でどのやうな所作をなさるかはわかりません。お召し物の衣擦れの音が聞こえるだけとのことです。この御所作は天皇のみが口移しで伝へられる御口伝（くでん）です。古い儀式書には神宮、四方の神々、先帝の御陵などと書かれてゐます。また属星を拝すともあり、何か呪文があつたやうです。応仁の乱で中絶しましたが、それ程期間をおかず後土御門天皇の文明七年（一四七五）に再興し、今日に至つてゐます。その場所は時代の変遷があり、京都御所の時代には清涼殿の東庭に出御になつて行はれました。また東京にお移りののちは賢所前庭で行はれたこともありました。歴代の天皇がいかにこの御儀を重視されてゐたかは、天皇のお近くにお仕へした者が書いた『お湯殿上日記』の毎年の年初が、四方拝の記事であることから伺へます。年の初めに御歴代の天皇はこのやうな御祭儀を修されてきたのです。天皇陛下が喪中や御不例にわたらせられる時には、設へ（しつら）をしたことにより出御があつたと見なし、代はりの者による代拝はありません。この御儀は天皇一人だけしか御出来になれない点にその重みがありませう。その後天皇陛下は引き続いて隣接する宮中三殿の歳旦祭にお出ましになります。このころ辺りが明るみはじめます。

神殿へすのこの上をすすみ行く年の始めの空白み初む（今上天皇御製）

歳旦祭は年の初めをお祝ひして、その年の平安を祈念される祭儀で全国の神社でも行はれます。天皇陛下は御剣とともに賢所、皇霊殿、神殿の順に玉串を以て御拝礼されます。続いて皇太子殿下が同様に御拝礼なさり、その後親王殿下ほか参列者が拝礼します。小祭には皇后陛下や皇太子妃殿下の御拝礼はありません。翌二日、三日には日頃の日供をご丁重に奉られます。元日だけ御拝礼がありますが、この三日をかつては「三箇日賢所皇霊神殿御祭典」とも称しました。

三日の元始祭は大祭で、三殿にて行はれます。年初に皇位の元始を祝ひ国家の安泰を祈るもので、明治五年（一八七二）に行はれて以来の御祭儀です。元始の名は『古事記』の序文から取りました。これは大祭で天皇陛下の御拝礼ののち皇后陛下、皇太子同妃両殿下の御拝礼があります。大祭は御親祭ですので天皇陛下が御自身で御告文を奏せられます。また御鈴の儀があります。

四日には奏事始が皇居の鳳凰の間で行はれます。陛下はモーニングをお召しになり出御、掌典長から昨年の神宮に於ける祭典、また宮中の祭祀が滞りなく修された旨をお聞き取りになられる御儀であります。このとき天皇陛下は御起立遊ばされると漏れ承ります。古くは一月十一日に神宮奏事始と称して行はれ、徳川時代には陛下は前日に御潔斎をなされ、当日は石灰壇で殊に神宮を遙拝されてからお聞き取りになられました。明治初年には賀茂奏事始、氷川奏事始なども行はれ、御敬神の思ひの深さがわかります。

一方平安時代には政始が行はれてゐましたが中世以来杜絶し、それを明治二年

（一八六九）に再興し、天皇親臨のもと政治向きのことをお聞き取りになられ、その中で宮内大臣が神宮の祭儀のことを申しあげました。大正十五年（一九二六）には皇室儀制令によりこの時に第一に内閣総理大臣が神宮の御祭儀について奏上することとなりました。しかし戦後はこのことが廃止になつたため、あらたに神宮の奏事始として行はれてゐます。年のはじめにまづ神事のことを御優先あそばされるお心と拝します。

3　先帝祭（昭和天皇祭）《大祭》と先帝前三代例祭《小祭》　一月七日

先帝祭は御先代の天皇の崩御当日に、御追慕の思し召しで皇霊殿及び山陵で行はれる大祭です。現在では先帝の昭和天皇の崩御当日の一月七日に皇霊殿で天皇陛下御親祭のもと斎行され、皇后陛下、皇太子同妃両殿下が御拝礼されます。また武蔵野陵に勅使を参向させて奉幣なさいます。夜は皇霊殿の前で御神楽の儀が深夜まで行はれ、御父昭和天皇の御霊をお慰め申しあげます。宮中の御神楽は年に数度行はれますが、両陛下をはじめ皇族方はこの御神楽が終了したとの連絡があるまで御所でお慎みになられておはしますと承ります。

先帝祭は明治維新前には仏式で行はれて来ましたが、孝明天皇の三年祭に当たる明治三年（一八七〇）に我が国古来の神式の儀礼に改められ、当日京都の紫宸殿に御霊をお招きして行はれました。また同年に御歴代の御忌日に正辰祭を行ふことをお定めになりましたが御代数の多さから明治十一年（一八七八）に皇霊祭を定め、近四代の天皇（この時は後桃園天皇十一月六日、光格天皇十一月十二日、仁孝天皇二月二十一日、孝明天皇一月三十日）の例祭のみを個別に行ふ事としました（御神楽の儀は先帝一代のみ）。それ以前の御歴代には十年、百年などの式年の年のみに皇霊殿と山陵とにて祭儀を行ふことになりました。明治天皇が崩じられて大正の御代になりますと、後桃園天皇祭が除かれ代はつて明治天皇祭（七月三十日）が、また昭和時代には光格天皇祭が除かれ、大正天皇祭（十二月二十五日）が制定されました。平成の今日では、この昭和天皇祭の他に、孝明天皇祭、明治天皇祭、大正天皇祭が皇霊殿で陛下の出御のもと行はれてゐます。

4　臨時御拝（旧紀元節祭）・旬祭　二月十一日

旬祭は一日、十一日、二十一日に御三殿にて行はれる祭儀で、一日には天皇陛下の御拝礼があります。御三殿の毎朝の日供は賢所、皇霊殿では内掌典が、神殿には掌典がお供へし、侍従が天皇陛下の御代拝をなさいますが、この一日には陛下がお出ましになられて御拝礼なされる御敬神の表れでもある御祭儀であります。この日、陛下は小直衣の御装束をお召しになります。順徳天皇の『禁秘御抄』の賢所の項に「毎月一日神供ハ廿合也」とあつて、特に一日は御丁重にされてゐたことがわかります。明治五年（一八七二）にこの三ヶ日を旬祭と称す事をお決めになり、一日のみに陛下はお出ましになられてゐましたが、昭和天皇は御即位ののち十一日、二十一日にも旬祭を新たにお定めになられ、お出ましになる新例をお開きになりました。しかし十一日、二十一日の旬祭は多く侍従の御代拝を例とされました。御晩年には御高齢化に伴ひお出ましの月を限定するなどの簡略化がありましたが、今上天皇は御即位後に元のやうにお出ましになられるやうにお戻しになられました。ただ近年は御病気や御高齢のこともあり、お出ましは一月、五月、九月のみとなつてきてをります。また春季皇霊祭が三月二十一日に当たるときは、先に旬祭を御奉仕したのちに皇霊祭を行はれます。昭和時代の先帝前三代例祭の一つである仁孝天皇祭（二月二十一日）も同様でした。

さて、旬祭で特筆すべきは二月十一日の「臨時御拝」です。この日はかつての紀元節にあたります。この日は初代神武天皇が大和の橿原の地に御即位されたと伝へる、辛酉の年の元日を維新後に換算（一月二十九日）、さらに太陽暦に直してこの日と定めたものであります。戦前は神武天皇の建国を偲び紀元節祭を大祭として皇霊殿、賢所にて御親祭なさいましたが（但し玉串は皇霊殿のみ。元来皇霊殿だけの祭祀でしたが昭和二年の皇室祭祀令改正で三殿で斎行されるやうになりました）、戦後紀元節の廃止に伴ひ、宮中におけるこの御祭典も除かれました。ただし二月十一日の旬祭にお出ましのあと、お供へ物を改めて再び「臨時御拝」と称して祭典が行はれます。殊に祭典の名称はありませんが、天皇陛下の御心にはかつての紀元節祭と同様の思し召しがおありであることと拝察いたします。この御心を今上天皇も受け継がれ同様に御拝礼になつておいでです。なほ、紀元節祭に行はれてゐた御神楽は四月三日の神武天皇祭の夜に行はれるやうになりました。

5　祈年祭≪小祭≫　二月十七日

祈年祭は「としごひのまつり」と読みます。二月十七日に伊勢の神宮にて行はれる祭儀で、今年の米をはじめとする作物の豊作を祈願されるお祭りです。これは古く律令にもお定めのあるもので農業国日本の表れの祭儀です。この神宮の祈年祭にあたり天皇陛下は勅使をお差し向けになられるとともに宮中三殿に出御されて今年の年穀の豊作を祈願されます。天皇陛下の入御ののち皇太子殿下が御拝礼になります。明治二年（一八六九）二月に神宮への勅使発遣を御再興になられ、明治天皇は紫宸殿から遥拝されました。

本来この祭典は神宮はじめ諸神社のものでしたが、宮中でもそれに倣はれて明治五年（一八七二）二月四日にはじめられました。以後皇霊殿では二月四日（古く、各神社に幣を分けた、祈年班幣の日）、賢所、神殿は同十七日とされてゐましたが、大正三年（一九一四）に三殿とも十七日に統一されました。

6　春季（秋季）皇霊祭と春季（秋季）神殿祭《大祭》　春分、秋分の日

この御祭儀は皇室の御歴代、后妃をはじめ皇族方に至るまでの、天皇陛下のご先

祖の神々を皇霊殿で、また天地神祇の神々を神殿において、年に二度、春と秋に御霊の慰撫と奉賽の大孝を述べさせ給ふお祭りで、御自から御告文を奏せられ、玉串を捧げて御拝礼になります。また御神楽「東遊（あづまあそび）」が楽部によつて奏せられます。これは第二十七代安閑天皇の頃に駿河の有度（うど）浜（現在の静岡県三保松原付近）に舞ひ降りてきた天人の姿を象つた舞とされます。

徳川時代までは御所の黒戸にて御先祖の追孝の御儀を仏式で行はれてゐましたが、明治維新後、皇霊殿にて神式でお祭りされて以来、明治十一年（一八七八）の秋の皇霊祭からこのやうに行はれるやうになりました。併せて神殿祭も春秋この日斎行となりました。日取りは春分、秋分の日で今日では民間の彼岸行事ですが、この日は、古来我が国の祖先の霊祭りに因むものです。

7　神武天皇祭《大祭》と皇霊殿御神楽　四月三日

歴代皇霊の中でも初代神武天皇を御偲びされ、御偉業を追慕される御祭典で、天皇が崩御された「春三月甲午ノ朔甲辰」（太陰暦三月十一日）の日を太陽暦に換算してこの日に行はれます。特にこの日は楽部により「東遊」が奏せられ、また夕べにはかつての紀元節祭に奏されてゐた御神楽を、紀元節祭の廃止に伴ひ、昭和二十四年（一九四九）よりこの日に移して行はれてゐます。また大和の神武天皇の畝傍山東北陵にて祭典があり、勅使を御派遣になられます。幕末に戸田忠恕の建議により幕府は山陵奉行を置き、各陵墓を修築しました。文久三年（一八六三）に現在の御陵を神武天皇陵（それまでは現在の綏靖天皇陵が神武天皇陵とされてゐました。小字の地名のジムタ〔神武田〕ミサンサイ〔みささぎ＝陵〕が治定の参考になつたといひます）と御定めになり修築され、翌元治元年（一八六四）三月十一日に徳大寺実則を勅使として祭儀を行はしめ、この時孝明天皇は清涼殿東庭から下御されて遥拝なさいました。これより毎年の例となり、明治二年（一八六九）三月十一日以来勅使参向のことがあり、同三年（一八七〇）からは神祇官に於いて御親祭になられ、また勅使を差し向けられたのでした。以後初代天皇といふこともあつて、陵域を整備し、また明治二十三年（一八九〇）には近隣に橿原神宮が御鎮座になり、永く天皇の御鴻業を仰ぎまつることとなつたのです。平成二十八年（二〇一六）は神武天皇二千六百年式年祭にあたります。

8　先后祭（香淳皇后例祭）《小祭》　六月十六日

先后祭は先の皇后陛下の崩御の日に、その御追慕の念により皇霊殿にて行はれる御祭儀であります。また武蔵野東陵においても掌典が祭儀を行ひます。天皇に関しては近四代の例祭を御定めになられましたが、皇后に関しては先后御一代（天皇の御母上）のみとされました。先の皇后陛下の追祭は明治三十年（一八九七）に孝明天皇の女御でいらした英照皇太后の崩御の後、その祭日にあたる一月十一日に皇霊殿、及び京都の後月輪東山東陵で行はれたことをはじめとします。大正時代には四年（一九一五）に明治天皇の皇后でいらした昭憲皇太后の崩御後その四月十七日を、また昭和二十六年（一九五一）には大正天皇の皇后で、昭和天皇の御母にましました貞明皇后が崩御せられ、その五月十七日を祭日にされました。香淳皇后は平成十二年（二〇〇〇）六月十六日崩御され、七月二十五日に斂葬の儀が行はれました。この例祭は一年祭に当る平成十三年（二〇〇一）から行はれてゐます。

9　節折と大祓　六月十二月、晦日

節折（よをり）は古くから宮中に行はれてきた行事で儀式書に「二季晦御贖物儀（にきのみそかおんあがもののぎ）」などと見えます。天皇陛下御一人の大祓の御儀をいひ、皇族方をはじめ国民の同様の儀は大祓と称します。大祓は民間の神社でも行はれて、年に二度（六月十二月晦日）、上半期の間に知らず識らずに犯した穢れや罪を祓ふ神事です。古く律令にもあり、延喜式にも定められ、朱雀門前に人々を集めて行はれた祭儀でした。神社ではその後も行はれてきましたが、宮中では中世以降杜絶してゐたのを元禄四年（一六九一）に一度再興しましたが永続しませんでした。そして明治四年（一八七一）六月に節折、大祓をともに再興されて今日に至つてゐます。

当日、天皇陛下は小直衣に御金巾子（おきんこじ）冠をお召しの上、午後二時に宮殿竹の間に出御、節折に臨まれます。まづ荒世の祓具を供します。侍従が御服（御袍、御袴の長さの絹）を柳筥に入れて供すると、陛下は御息を吹きかけて、お返しになられる。次に御麻（麻苧と八枝八垂のしでとを付した榊）でお体を御祓ひなさいます。次に篠竹九本で陛下の御身長と両手の身幅をお計り申しあげる事五度、侍従が墨で竹に印をつけたところを掌典補は音をたてて折ります。ついで荒世の御壺を供し陛下は御息を三度吐かれます。次に和世の祓具を同様に供し、儀式は終ります。この時皇后陛下、皇太子同妃両殿下の御贖物も供へられます。節折の名はこの竹を折ることに因みます。

　大祓は古くは賢所前庭、また明治二十二年（一八八九）に現賢所に移つてより、賢所前庭神楽舎で行はれて来ましたが、昭和十三年（一九三八）六月より神嘉殿前庭幄舎を斎場として行はれてゐます。午後三時に宮内庁職員、皇宮警察官などが参列の後、皇族方がおなりののち、掌典が「大祓詞」を宣読し、終はれば御麻で参列皇族以下をお祓ひします。この時の御麻は、稲穂を挟んだものをお使ひになります。

　この後、掌典補はこの儀に使用した御贖物（陛下をはじめ参列者をお祓ひしたもの）を川に流しに行きます。明治四年（一八七一）から昭和五十年（一九七五）頃まで浜離宮から海に流してゐましたが、今日では皇居内のお濠に沈めてゐます。

10　神嘗祭賢所の儀《大祭》　十月十七日

　神嘗祭は神宮の祭典で、明治維新以前は九月十七日に行はれてゐました。最も清浄な召し上がり物を意味する「由貴大御饌（ゆきのおほみけ）」と称する新穀を供へる大祭であります。

　この日勅使が参向し奉幣の儀があり、また天皇陛下には宮中で御自から御栽培された稲を根付きのまま懸税（かけぢから）と称してお供へになられます。これは根ごとお抜きになられた二株で、神宮の内玉垣御門寄りの東の玉垣に紙垂（しで）をつけて懸けて奉られます。

昭和天皇の御製に

　わが庭の初穂ささげて来む年の田の実いのりつ五十鈴の宮に

とあります。わが庭は「御自身の皇居」の意味です。五十鈴の宮は伊勢の神宮のことです。

古くから歴代の天皇が、神宮のこの御祭典には御敬神の念を寄せられ、神宮の祭儀に先立つ勅使発遣の御儀には宮中の紫宸殿から神宮を遙拝されたといひます。戦国の乱世以降、勅使発遣、幣帛（へいはく）（お供へもの）を奉納される儀が杜絶しましたが、江戸時代はじめの正保四年（一六四七）に再興（江戸幕府は日光東照宮への例幣使を新しく定めるとともに神宮への例幣を再興）され、九月十七日に行はれて来ました。

今日でも、この祭儀に先立ち宮殿松の間で神宮への勅使発遣の儀が行はれます。これは勅使に御幣物を託す儀で、陛下は御引き直衣をお召しの上、勅使に「よく申して奉れ」（よくよくもうしあげてください）と御言葉を仰せになります。またこの日、天皇陛下には神嘉殿南庇に設へた拝所（四方拝と同様に御畳の御座を屏風で囲む）

に下御され、御鄭重に神宮を遥拝され、終はつて新穀の供された賢所に出御、御拝礼なさいます。ついで皇后陛下、皇太子殿下、同妃殿下が御拝礼なさいます。賢所における神嘗祭は祈年祭同様古くは宮中では行はれてゐませんでしたが、明治四年（一八七一）に新たに御定めになられたのでした。明治六年（一八七三）の改暦の後は九月十七日では稲の実りに早いので明治十二年（一八七九）から十月十七日に改められました。

11　鎮魂祭　十一月二十二日

鎮魂祭は天皇陛下を始め皇后陛下、皇太子同妃両殿下の御魂を鎮祭し、御寿の万歳長久をお祈り申しあげる呪的な祭儀であり、新嘗祭の前の晩に綾綺殿にて行はれます。この祭儀は古く初代神武天皇の御時に物部氏の祖宇摩志麻治命（うましまぢのみこと）が十種（とくさ）の神宝を以つて天皇の鎮魂をしたのをはじめとします。また、律令にも「仲冬寅日鎮魂祭」と定められたものであります。中世に杜絶したものを光格天皇の寛政九年（一七九七）に再興され、白川伯王家で行はれて来ました。明治二年（一八六九）に神祇官、五年（一八七二）からは宮内省で行はれました。これには陛下のお出ましはありません。

この日、掌典職によつて綾綺殿（近世の京の御所では小御所を祭場）に祭場を設けられ、玉体の守護神である神産日神、高御産日神、玉積産日神、生産日神、足産日神、大宮売神、御食津神、事代主神の八神と大直日神をお迎へして掌典長以下が祭儀を奉仕し、神饌を供します。ついで楽部により鎮魂歌が奏され、祝詞が奏上された後に、まづ陛下の鎮魂が行はれます。その御儀は「けーひー」の警蹕（けいひつ）とともに御所より受けた御衣（白衣一疋）箱、御玉緒が入つた箱が渡御されます。掌典長は八度手を打つことを四度繰り返す八平手（やひらて）といふ大変丁重な拍手をします。その後神楽歌が奏される中、掌典が箱から御玉緒を取り出し、糸結びを十度行ひます。古代人は魂は放つておくと体から遊離して行くものと考へてゐました。しつかりと結び止めておく呪術が必要なのでした。「玉の緒」とは古語で命を表すことばです。次に御衣の箱を開けてゆらゆらと振動の神事を十度行ふ儀があります。また内掌典が宇気槽を十回鉾で突く神事を奉仕します。終了すると警蹕とともに天皇陛下の御箱が入御、ついで皇后陛下、皇太子殿下、同妃殿下の鎮魂が同様になされます。その後大直日歌、倭舞（やまとまひ）が奏され、祭儀は終了します。倭舞は大和地方に発生した歌曲に舞を付けた国風歌舞です。このやうに鎮魂祭は、陛下の御霊力を鎮め、さらに振るひ立たせ、倍増する神秘的な祭儀であります。なほこの鎮魂祭にお使ひになる御衣は、皇后陛下が御養蚕所で御自ら御飼育なさつた蚕からの絹で織られた羽二重で、御祭儀のあとは陛下の御祭儀用の白衣の御小袖に仕立てられ、お召しになられる由であります。

12　新嘗祭《大祭》　十一月二十三日

翌二十三日は神嘉殿に於いて新嘗祭が行はれます。古来この祭日は十一月の「下卯の日」（三つ卯がある時には「中卯の日」）でありましたが、明治六年（一八七三）の改暦の時に干支に拠らずに二十三日と定めました（明治六年の十一月「下卯の日」が二十三日であつたためです）。新嘗祭は宮中祭祀の中でも最も古く重要な祭典で、御即位後に行はれる新嘗祭を殊に「大嘗祭」と申します。新嘗祭は神嘉殿の神座に天照大御神の御霊をお招きして、米、粟をはじめとする穀物の今年の出来を奉告、感謝し、また新穀で作つたご飯やお酒を陛下が御自身で天照大御神にお供へになり、且つ又御自身でもお召し上がりになる、神秘的な儀式です。神道の祭りの本義は神と人との交感、共食にあります。神が召し上がつたと見なされるお供物を人が頂くことにより、その神霊を人の体内に取り入れることが出来ると考へたのです。神道の祭儀のあとにお供へもの（簡単なところで御神酒）を参列者で頂くことはこの表れです。

祭場は神嘉殿ですが三殿でも侍従が御代拝を務めて三殿の新嘗祭が行はれます。また勅使が神宮に発遣され、神宮の新嘗祭に奉幣されます。これらは春の祈年祭の御礼にあたるものといへませう。元来農業を主とした日本では新嘗祭は古くから行はれてきた民間での稲作に関する祭祀です。『万葉集』にも新嘗を歌つた歌があります。爾来宮中では新嘗祭を重儀として斎行して来ましたが、時代の変遷と共に変化もあり、古儀通りの実施が難しい時代もありました。後花園天皇の寛正四年（一四六三）の祭儀以降に中絶、世は戦国の乱世ですから思ふにまかせない時代でした。その後の歴代の天皇は何とかしてこの再興を願ひました。それが叶ふのは江戸時代になつてのことで、東山天皇の元禄元年（一六八八）に「新嘗御祈」といふ形で略式に再興、丁度この頃に天皇の即位儀礼の大嘗祭も再興になつてをります。但し祭場となる神嘉殿がない為、紫宸殿を代りの場として用ゐました。ついで桜町天皇の元文五年（一七四〇）に元の形に再興されました。神嘉殿の再興は更に時代が下つた寛政三年（一七九一）、寛政内裏の造営に伴ふ光格天皇の強い思し召しによるものでした。

神嘉殿の儀式は「夕の儀」（午後六時）と「暁の儀」（午後十一時）と同じ事が二回繰り返されます。全てが終了するのは翌二十四日の一時を過ぎます。宮中の祭祀は普通午前中に行はれます（朝儀）が、この新嘗祭と賢所御神楽の御儀のみは夜に行はれることに特色があります。御親祭ですので天皇陛下は長時間にわたり祭儀を司られます。また皇太子殿下は神嘉殿の隔殿にお控へになります。十一月になると昭和天皇は長時間の正座の練習をなさつたといひますし、今上天皇も御同様においでと漏れ承ります。侍従であつた入江相政は陛下のお供をして正座をせねばならなかつたことが嫌でしやうがなかつたことが、彼の日記から伺へます。この御習礼の事は御歴代みな同じことで『花園院宸記』にも後醍醐天皇がご習礼なさつてゐるご様子が記されてゐます。

この日夕、天皇陛下は潔斎のためお湯につかります。十一月の寒い時期ですがお体をお清めになります。そして第二章の9項にふれた白色の生絹（すずし）（生糸を練らないでそのまま使ふ）の祭服をお召しになります。御冠は御幘冠（さく）です。お動作に失礼があつてはならぬとの御敬神の念の表れの冠です。このやうにお召し物にも神聖性が示されます。また奉仕の者全員が白の斎服、または同じく白の浄衣を着ます。

神嘉殿には神座が設けられます。普通の神道の祭儀では神籬（ひもろぎ）をたてたり、お札を安置したりして神をその場にお招きする儀礼を行ひますが、新嘗祭は御神座を設けた時点で神の降臨があつたと見なしますので、祭場の敷設も掌典長以下が祭服にて御丁重に奉仕します。天照大御神の御神座は御畳帖で、神宮の方向に設らへられます。またこの隣に八重薦の寝座（敷き布団）が設けられ、これには坂枕が置かれ、上には御衾（掛け布団）が掛けられ、また御櫛、御扇、御沓を箱に入れて供します。天皇陛下の御座はこの後方に設けられ、御神座と陛下の御座とに御帖一枚を掛け渡します。神の御座に寝床を用意して、様々な調度品を設へるのは、神を人と同じく丁重にもてなした形を示してゐます。お招きした神を夕の儀で饗応して、暫くお休み頂き、また暁の儀で饗応してお送りする形です。大嘗祭ではこの御神座を悠紀殿（ゆきでん）と主基殿（すきでん）とに一つずつ設け、更なる御丁重さを表してゐます。陛下はこの御神座や八重薦の寝座には決してお触れになりません。それは天照大御神のお使ひになるものだからです。

　天皇陛下のお出ましに合はせて、神様に捧げる神饌を、この日の為の特別な役割である采女と掌典以下が御膳舎から行列して、神饌を捧持して運ぶ「神饌行立（ぎょうりつ）」が行はれます。なほ、警蹕（けいひつ）の「をーしー」の声が一声高く長くなつた時に、和琴に合はせて神楽歌が始まります。この時の神饌は古代の食事そのもので盛りつける容器も柏の葉を何枚も重ねて作られた平皿「平手（ひらで）」、小鉢形の「窪手（くぼて）」、またお酒を供へる「平居瓶（ひらゐかめ）」などがあります。お供への神饌は調理されたもので、その一例をあげますと、まづ蒸した米と栗のご飯、同じもので水炊きしたお粥、甘塩に漬けて三枚におろした鯛、烏賊（いか）、鮑、鮭の生もの、干ものには干鯛、堅魚、蒸し鮑、干鰺がありこれらは箱形の窪手に納めます。菓物には干柿、搗栗、生栗、干棗（なつめ）があり、更に鮑汁漬、海藻汁漬、鮑羹、海松（みる）羹、それに白酒（しろき）、黒酒（くろき）があります。これらのものを陛下はお箸で一つ一つお取りになつてお供へになります。このとき、これは何でありますとの説明を神様に申しあげなさると聞きます。

　この行立（ぎょうりつ）が始まる頃に、天皇陛下と皇太子殿下が御参進なさいます。その御列は掌典長の御先導で、神剣（侍従捧持）、天皇陛下、神璽（侍従捧持）、侍従長、東宮大夫、皇太子殿下、壺切御剣（東宮侍従捧持）、東宮侍従長、東宮侍従です。御列は天皇陛下、皇太子殿下の御足下を侍従が脂燭で照らす中を進み、天皇陛下は神嘉殿に入御、皇太子殿下は神嘉殿の隔殿に御着席になります。神嘉殿の前庭には庭燎（にはび）が焚かれ、その中を楽師が奏する神楽歌が流れていく神秘さは尊いものであります。陛下は入御なさるとお手水をなさり、そののち行立した神饌をお手から親しくお供へになります。これには一時間半ほどかかる由です。このやうに御自身でお供へになることは宮中祭祀中新嘗祭のみのことです。これからもこのお祭りが重い儀式であることが伺へませう。ついで御告文（おつげぶみ）が奏せられます。今年一年の穀物の奉謝と国家、国民の幸福を御自からお告げになつて、祈られるのです。

新嘗の祭始まりぬ神嘉殿ひちりきの音静かに流る
歌ふ声静まりて聞こゆこの時に告文読ますおほどかなる御声
（右二首、今上天皇皇太子時代の御歌）

そののちのお供へものを天皇陛下が頂く御直会があります。古記録にはこのとき天皇陛下は拍手三度、称唯（ゐしよう）、低頭されたとあります。称唯とは「をー」と返事をすることで、古来目上の方への返事のことをいひます。天皇陛下はこのとき大御神様に対し、お返事をされ、頭を下げられるのです。ついでお供へやお酒を頂かれて陛下は御退出なさいます。これで夕の儀が終はります。そののち暁の儀が深夜の午後十一時頃から翌日の一時すぎにかけて行はれます。祭儀の内容は夕の儀とおなじです。参列されない皇后陛下ほか皇族や妃殿下方は神座を掌典が撤去し昇神が行はれて、この御祭儀が終了したとの連絡があるまではお休みにならずに、御所でお慎みなさいます。古来神祭りは夜中に行はれるものであり、昼間が人間の世界であるなら、夜は神々の世界でありました。人と神との交感はこのやうにして為されるわけで、天皇陛下は天照大御神と御一体になられるのです。ここに天皇の御本質がありますまた古くはこの御儀は秘儀であり神嘉殿の御殿の中にはお供へを手伝ふ采女二人の他は天皇陛下しか入れませんでした。天皇が御幼少のときなどは太政大臣などがお手伝ひをしましたが、他の人が入ることはできませんでした。そのやうに厳格さが守られてきた祭儀なのです。

13　天長祭《小祭》　十二月二十三日

戦前は天長節祭と称されてゐましたが、戦後天皇誕生日と改称されたため、天長祭となりました。天皇の御誕生日をお祝ひ申しあげることは、古く奈良時代の終りの光仁天皇の宝亀六年（七七五）に行はれた記録がありますが、その後は長続きはしませんでした。これは大陸の制に倣つての行事でしたが、民間では正月に一斉に算賀して年をとる数へ年が定着してゐたためか、誕生日などは重視されなかつたのでせう。近世まで皇室でも庶民でも誕生日のお祝ひは行はれてはゐませんでした。明治時代になつて、西欧では元首の誕生日を祝ふ習はしがあることにより、我が国でも天皇の誕生日を天長節として制定いたしました。名称は『老子』の「天地所能長且久」（天地が絶えることなく続く意味）といふ語からとりました。明治天皇は嘉永五年（一八五二）九月二十二日が御誕生日でした。よつて明治元年（一八六八）八月にこの年の九月二十二日を天長節とするとお定めになり、明治三年（一八七〇）より祭典をおはじめになられ、のちに太陽暦の採用により、それを換算して十一月三日としました。大正時代は八月三十一日（但し暑さのため二ヶ月ずらして十月三十一日に祝賀行事がありました）。昭和時代は四月二十九日でありました。天長祭は天皇陛下の御長寿を御祈りし聖寿の長久を寿ぎ、御自身でも感恩の叡慮をのべさせ給ふ御祭りです。小祭なので天皇陛下と皇太子殿下の御拝礼があります。この日の御祭儀は午前八時すぎで、天皇陛下、皇太子殿下は御拝礼の後、すぐモーニングに御改服されて、宮殿長和殿にお出ましになり午前中は国民の参賀をお受けになります。午後は祝賀の御行事があり、かやうに御誕生日は早朝から御多忙にわたらせられます。なほ皇后陛下の御誕生日を地久節と称しました。この名称も『老子』の同じ所よりとりました。今日では皇后誕生日といひます。皇后陛下の御誕生日は十月三十日ですがこの日に宮中での祭典はありません。

14　賢所御神楽《小祭》　十二月中旬

宮中の御神楽(みかぐら)はその発祥は古く神代に遡ります。神の霊威が更に発揮なさいますやうにと、神霊を慰撫する意味がある由です。毎年十二月の中頃に行はれ、日が未定ですので、徳川時代までは臨時の御神楽と称されました（臨時祭とは今日の感覚からいふと、急に臨時に行ふと考へてしまひますが、日取りが決まつてゐるものを恒例、不定のものを臨時といひました。古くは陰陽寮が日時を考へて決めたのです）。この儀式が十二月の中頃に行はれるのは、丁度太陽が冬至にむけて日照時間が短くなることと関連してゐます。御神楽を奏して再び神の威力を増すことを祈念するのは、この太陽の復活とも関連して来るのです。御神前で神楽が奏されることは、天照大御神が天の岩戸にお隠れになられたとき、大勢の神様が岩戸の前で歌ひ、踊つた神話に因みます。平安時代中期の一条天皇の長保四年（一〇〇二）から内侍所の広庭で奏されました。この時は隔年の十二月に行ふ御定めでしたが、約七十年ほど後の白河天皇の承保年間から毎年行ふやうになりました。宮中の儀礼は大方応仁の大乱で廃絶したものが多いのですがこの御神楽だけは途絶えずに今日に至りました。神事に寄せ給ふ歴代の天皇の大御心が伺はれます。

　この日夕方五時に陛下は賢所に御拝礼になり入御になります。そののち皇后陛下、皇太子殿下、同妃殿下もお出ましになられ御拝礼なさり、入御になります。そして、六時に御神楽を奉仕する楽部の楽師が参進し、西が本方、東が末方にわかれて神楽舎に着きます（本末にわかれて神楽歌を歌ふのです）。また本方の南端に「人長(にんちょう)」の座を設けます。この神楽歌は日本古来の歌舞で、篝火(かがりび)の薪がはぜるなか、笏拍子、笛、篳篥(ひちりき)、和琴といつた楽器にあはせて「早歌」、「求子歌」などを歌ひます。また掌典長から榊に輪のついた採り物（神霊が憑依してゐるものともいひ、終了後この榊を御所に掌典が献上します）を受けて、人長といふ役が、「早韓神」、「其駒」などを歌に併せて舞ひます。古くは一晩中かかり、終はりの「其駒」のころにはほのぼのと夜が明けだしたさうです。長時間の祭祀のため、明治以降は省略したもののそれでも午前一時頃までかかります。この日は両陛下はじめ皇族方はこの御神楽が終了するまでお休みになることなくお慎み遊ばされます。掌典職から終了したと連絡を受けたのちお休みになるとのことです。「其駒」は神が乗り、神がいらつしやる元の世界にお帰りになる意味がある歌ともいひます。また楽人とともに時には天皇が和琴や笛を御自身でお弾きになることもありました。孝明天皇はペリーが来航したあとの御神楽にお出になられ、笛を奏しておいでです。

15　除夜祭　十二月三十一日

この御祭儀は皇室祭祀令に規定されてゐるものではなく、御内儀のものであります。陛下の出御もありません。掌典職のみの御奉仕で、今年の一年の御奉謝の意味をもつ感謝の御祭典です。

16 明治節祭　十一月三日【中絶】

十一月三日をかつて明治節と称しました。四大節（新年、紀元節、天長節、明治節）の一つです。明治四十五年（一九一二）七月に明治天皇が崩御になり、国民は悲しみに打ちひしがれました。ついで大正三年（一九一四）には昭憲皇太后が崩御されたのをうけて、両陛下を鎮祭する明治神宮の御創建を熱望する声が国民の間に澎湃とおこりました。明治神宮は大正九年（一九二〇）に代々木御料地に御鎮座になりましたが、聖代であつた明治の昔を偲び、維新の大業を回顧する国民の思ひはやまず、遂に明治節制定の請願となり、昭和二年（一九二七）三月に、明治時代に天長節（明治天皇の御誕生日）であつた十一月三日を明治節に制定すると仰せだされました。これをうけて宮中でも同年十月に皇室祭祀令を改正して、明治節祭が大祭として制定されました。しかるに戦後この日は国民の祝日「文化の日」といふ名前で残りましたが、明治節、明治天皇との関連が断たれたため、宮中での明治節祭はお取りやめになつて今日に至つてゐます。その理由としては七月三十日の明治天皇の崩御日に明治天皇例祭を行はれ、御追慕の情を御表しになられてゐるからかと拝察いたします。またこの日は明治神宮の例祭にあたり、勅使をお使はしになられてゐますので、宮中での祭典は中断のままでも、昭和天皇もまた今上天皇も明治天皇に対されてのお思ひはお変はりないものと拝します。なほ明治節祭はお取りやめになつてますが、この日、昭和天皇は二月十一日同様「臨時御拝」に昭和六十二年（一九八七）までお出ましになられました。

戦後中断した御祭儀には、先にも述べた二月十一日の紀元節祭がありますが、これはそのところで述べた通りに、なほ臨時の御拝の形で続けられてゐます。さう思ふと畏れ多いことですが、平成十九年（二〇〇七）から、四月二十九日が昭和の日といふ「国民の祝日」に改められました。法的にこの日は昭和を回顧する日となつたのでありますから、宮中でも昭和祭を行はれてもよいのではと存じます。神社本庁はこの日の制定を受けて全国神社に昭和祭の斎行を通達し、全国の神社では昭和祭を斎行してゐます。しかし宮中ではさう簡単にはおなりにならない様子です。これは明治節祭が再興ならないと同じく、一月七日の昭和天皇例祭が斎行されてゐるので、殊更昭和祭の斎行は不必要との意見もあるのでせうか。また後述するやうに「国民の祝日」と宮中祭祀は分断されて全く関係のないものとされてゐる今日、これは難しいことと思はれます。陛下の御心中を拝察いたし、恐懼にたえません。

第四章　皇室の臨時祭祀

1　葬礼の諸祭

宮中の葬礼の諸祭は直接宮中祭祀とは関はりませんが、部分的に関係しますので、掻い摘んで説明いたしませう。これはかつては「皇室喪葬令」で詳細が定められてゐましたが、戦後に廃止されてからは依拠するものを欠いてゐます。概ね旧法令に準じて行はれるのですが、憲法の政教分離原則に触れるとのことで、国家と皇室の二本立てといふ、大変変則的な実施しか出来ない状態であります。

天皇（皇后、皇太后、太皇太后）の死を「崩御」、皇太子以下の皇族の死を薨去（こうきょ）と申します。現制では天皇は終身ですので、天皇が崩御になるとすぐさま剣璽が新帝に渡御し、同時に宮中三殿に新帝の即位を奉告される祭りを掌典長をして執り行はせます。なほ新帝の即位を奉告しますが、先帝の崩御は奉告しません。新帝はじめ皇族方は一年間の喪にお入りになります。特に最初の五十日間は心喪といひ、重いものです。喪の間は神事はお控へになられ宮中三殿の祭儀にはお出ましがなく、除喪を命じられた掌典長以下で御奉仕いたします。皇居外へのお出ましもお慎みなさいますが、やむを得ない場合は「除喪」の手続きをなさつてお出かけになります。かつては諒闇（りやうあん）といひ国が喪に服しました。

皇位をお継ぎになつた陛下は先帝への御追慕の情から、宮中に設けられた倚廬殿（いろ）に剣璽とともにお出ましになり、錫紵（しやくぢょ）といふ喪服をお召しになり、服喪の十三ヶ月を日にあてて十三日お籠もりになります。倚廬殿は蘆の御簾、布帽額、板敷きの簡素な建物です。現在ではお籠もりの期間が短縮されてゐます。その後先帝の御遺体の祀られてゐる殯宮（もがりのみや）に伺候されます。この殯宮の祭儀を始め御葬礼は掌典とは別の祭員が選ばれて御奉仕いたします。大体二十日過ぎる頃に先帝に御追号が奉られます。明治以降現在では御在位の元号を追号にする慣はしになつてゐますが、かつては漢籍から先帝の御徳をお偲びするに相応しい文字が執られました。それを謚号（しごう）と申しました。謚号の復活は明治天皇の曾祖父の光格天皇からで、その前までは御所縁の土地名などを追号として奉つてゐました。

さて崩御後まもなくに陵所が選定されます。大正天皇以降は八王子市の多摩陵墓管区多摩部にお定めになつてます（皇族方は東京文京区の豊島岡陵部）。陵墓が選定されますとその地鎮祭が行はれ工事が始まり、大喪までに仮に完了し一年祭までには本格的に完了します。

葬儀は憲法の二十条の政教分離の原則により、皇室の祭祀による「大喪儀、葬場殿の儀」と、宗教性のない国の儀式の「大喪の礼」とは同じ場で、別にして行はれたのです。昭和天皇崩御の折には、皇居から新宿御苑の葬場まで、また葬場から武蔵野御陵までの轜車（じゆしや）（霊柩車）のお列は国の儀式として、葬場殿の儀は皇室の儀式で日本古来の葬儀儀礼により執り行はれ、誄歌（るいか）が楽部によつて奏されました。これは倭建命が崩ぜられたとき、その后やお子様たちが、嘆き悲しまれて詠んだといふ、『古事記』記載の四首の歌からなります。終了後、鳥居や真榊が撤去されて国の儀式の「大喪の礼」が行はれました。そののち武蔵野陵所で皇室の祭儀である「大喪儀、斂葬の儀」が行はれました。先帝の御霊は宮中の権殿と御陵に御鎮まりになり、権殿や御陵ではこののち一年祭まで、御日供をお供へ申し上げ、十日ごと五十日祭まで祭典が、また百日祭も行はれ、これらの祭儀には掌典とは別の、葬儀にのみ与る祭員により一年間祭儀が営まれました。一年経ちますと天皇、皇族の御霊は神となり皇霊殿にお遷りになられて、永久に御鎮座なさいます。以後は掌典職が祭祀を致します。

2　即位儀礼に伴ふ諸祭

天皇の即位儀礼に伴ふ祭儀はかつては「登極令」に定められてゐましたが、戦後それが廃止されたので依拠する法令はありませんが、平成の御即位式は概ね「登極令」に準じて、憲法に配慮しつつ行はれました。即位儀礼は宮中祭祀と深い関はりがありますが、ここでは概略を説明いたしませう。

天皇の即位式は、桓武天皇以降、諒闇（先帝の崩御による喪中）明けの秋に行はれてきました。秋に限定するのは新米の収穫による祭儀である大嘗祭との関連があるからです。ですから諒闇明けが四月以降になるとその年の米作りのはじめの即位に関する儀式が出来ない為、翌年になります。儀式は礼服（らいふく）といふ唐風の衣裳を纏ふものでしたが、明治以降束帯を着用になり国風を護られるやうになりました。

即位式と大嘗祭は一組のものであり即位式は即位を内外に宣明する儀で、大嘗祭は皇祖の神の霊をお受けになられる儀式です。一条兼良の『代始和抄（だいはじめわしょう）』に即位は唐風を真似、大嘗祭は神代の風儀を移すと書かれてゐるのはこのためです。どちらも欠けてはいけないものとされて来ました。承久の変で幕府により廃位せしめられた仲恭天皇は大嘗祭を行ひませんでしたから半分の天皇といふ意味で「半帝」と称されました。爾後、即位礼や大嘗祭は宮廷のお手許が不如意なため延期される時がありました。戦国時代の後柏原天皇が即位後二十年かかつて即位式を行はれ、また大嘗祭は文正元年（一四六六）の後土御門天皇のあと二百二十年中断して、江戸時代中期の貞享四年（一六八七）の東山天皇の時に簡略の再興があり、二代後の元文三（一七三八）年の桜町天皇の折に再興され今日に至つてゐます。

大嘗祭は天皇即位後、諒闇があけてから行はれる初めての新嘗祭であり、全国規模で行はれるものです。全国を東西の二地区に分け東を悠紀地方、西を主基地方とし、その地方から一国（県）を占ひで選定して悠紀国、主基国を決めます。平成度は悠紀が秋田県、主基が大分県でした。その地で選ばれた斎田で米を一年かけて収穫し、それを元に神々への供へものをつくり宮中で行ふ祭りです。新嘗祭が畿内の官田で収穫された米粟を用ゐたのに対しこちらは悠紀国、主基国の斎田のものを使ひます。

即位礼と大嘗祭はその準備に一年かかりますので、平成の例でその一年を解説すると次の様になります。

まづ昭和天皇の諒闇が平成二年（一九九〇）一月七日にあけました。そして即位の礼がこの年の秋十一月十二日に行はれることが決定しました。大正、昭和の時は十一月十日に行はれてゐます。それはこの日が京都では天候のよい日とのデータがあつた事によります。平成の十二日は休日との兼ね合ひで決まりました（十二日は月曜日で臨時の祝日となりました）。

一月二十三日には賢所、皇霊殿、神殿に御即位の期日（十一月十二日）の奉告の儀があり天皇皇后両陛下は三殿へお出ましになられ、御告文を奏せられました。また神宮や神武天皇陵、昭和天皇陵等に勅使を発たせる発遣の儀を行はれました。そして一月二十五日に発遣された勅使が神宮、神武天皇陵、近四代天皇陵に拝礼、奉幣の儀をなし、即位の期日を奉告しました。

二月八日、斎田点定の儀が行はれ、大嘗祭の悠紀国が秋田県、主基国が大分県に決まりました。一方、八月二日、大嘗宮地鎮祭が皇居東御苑で斎行されました。また、九月二十七日には斎田抜穂前一日大祓の儀が悠紀田（秋田県五城目町）で行はれ、翌二十八日には斎田抜穂の儀（悠紀田）が行はれました。十月九日には同様に主基田の大分県玖珠町で斎田抜穂前一日大祓、翌十日には斎田抜穂の儀（主基田）が行はれ、この米は宮中に献納されました。

十一月十二日の当日早朝に、宮中で即位礼当日賢所大前の儀があり両陛下は御拝礼になり、御即位の由を告げられました。また同様に皇霊殿、神殿に御奉告になられました。同日の午後には即位礼正殿の儀が宮殿で国の儀式として行はれ、天皇陛下は剣璽国璽とともに出御になられました。またその後、祝賀御列の儀に臨まれました。同日から十五日にかけて国の行事として饗宴の儀が行はれ、十三日には園遊会や内閣総理大臣主催の晩餐会がありました。

十一月十六日には大嘗祭のため神宮へ勅使を発遣される儀が行はれました。

十一月十八日には皇居で一般参賀が行はれました。

十一月二十日には「大嘗祭前二日御禊、大祓」があり、翌二十一日には「大嘗祭前一日鎮魂の儀、同大嘗宮鎮祭」がありました。十一月二十二日は大嘗祭当日で、神宮では勅使が奉幣する儀式があり、宮中三殿では「大嘗祭当日賢所大御饌供進の儀」「大嘗祭当日皇霊殿、神殿に奉告の儀」と続き、同日夕には「大嘗宮の儀、悠紀殿供饌の儀」があり、翌日早朝に「大嘗宮の儀、主基殿供饌の儀」を斎行されて祭儀を滞りなく済まされたのです。

十一月二十三日から二十五日にかけて宮中で大饗の儀があり、翌二十四日には大嘗祭後一日大嘗宮鎮祭が行はれました。

十一月二十七日から二十八日にかけて神宮へ神剣と神璽とともに行幸啓になられ「即位礼、大嘗祭後神宮に親謁の儀」を行ひ、御即位を御告げになられました。また十二月二日から五日にかけて「即位礼、大嘗祭後神武天皇、前四代天皇陵親謁の儀」があり、それぞれの御陵に行幸啓になられ御拝礼されました。またこの間に京都で茶会を催されました。

東京へ還幸啓されてからは、十二月六日に賢所で「即位礼、大嘗祭後賢所、皇霊殿、神殿に親謁の儀」に臨まれ、同日夜には賢所大前で「即位礼、大嘗祭後賢所御神楽の儀」が行はれ神恩に感謝されました。かやうに即位儀礼の一年は神事が度々あり、天皇と祭祀の不離一体のことが如実にわかるものであります。本来、天照大御神に御即位をお告げになられる即位礼当日賢所大前の儀は、広く世に御即位を宣明なさる即位礼正殿の儀と同様に重要なものであり、正殿の儀と同じく賢所の大前に幡などの威儀物や儀仗を配して行はれたものでありましたが、今回は神事に関しては皇室の儀式といふことで簡略化され、参列者も限定されました。また平成度の御即位礼は明治天皇の思し召しによつて定められた「登極令」にある「京都御所での実施」を警備上の理由で東京の宮殿で行はれました。そのため高御座、御帳台を京都から運びました。天皇は古来南面して即位を宣するのが慣はしでありましたが、東京の宮殿は東面して建てられてゐるため、畏れ多いことですが賢所を背にして東面して御即位なさいました。なほこの際、宮殿の高御座に陛下がお立ちになられた時の床の高さと、賢所の御床の高さが問題となりました。もし陛下の方が高くおなりになる場合は御床上げと申して賢所の御鏡の御床をそれよりも高くしなければなりませんでしたが、測量の結果その必要はありませんでした。本来このやうに賢所の御鏡の位置は細心の注意が必要なものなのですが、全て神事に関する事は皇室の御私事として公には顧みられなかつたのです。

3　御成婚・成年式・海外行幸啓（国家の大事の奉告）

天皇や皇族の御成婚はその奉告が賢所で行はれます。また成年式や皇族の御誕生に当たつてもその奉告があります。これはかつては「皇室親族令」や「成年式令」

「立儲令」で細かに決められてゐました。戦後これらのものが廃止になつても、今日でもこれに準じて行はれてゐます。今上陛下のご成婚が昭和三十四年（一九五九）に戦後はじめて賢所大前で行はれたことは意義深いものでした。天皇皇后両陛下が海外への行幸啓には大祭式でその出発前と帰国後に三殿へ御奉告とともに、神宮、神武天皇陵、先帝先后の御陵に勅使を差し遣はせになられ、御奉告になります。また、皇族方も同様に御奉告の御参拝が行はれます。このことは大正十年（一九二一）の皇太子裕仁親王（昭和天皇）の欧州御巡訪の時を最初とします。

また、摂政就任奉告、立太子の奉告、成年式、御結婚、内親王の皇籍降嫁、御誕生、皇族御修学時の参拝なども行はれてゐます。また明治二十七年（一八九四）三月九日には明治天皇の大婚二十五年の奉告、大正十四年（一九二五）五月十日には大正天皇の大婚二十五年の奉告、昭和二十四年（一九四九）一月二十六日には昭和天皇の大婚二十五年、同四十九年（一九七四）同日には大婚五十年の奉告がありました。また平成二十一年（二〇〇九）四月には今上天皇の大婚五十年の奉告がありました。この他平成になつてから御在位十年ごとに御奉告の祭儀が宮中三殿と神武天皇御陵、昭和天皇御陵、そして神宮において行はれてゐます。

以上は皇室の御慶事などですが、国家の大事の奉告もあります。明治時代には大日本帝国憲法の発布、日清、日露の平和克復時の奉告などがありました。大正十二年（一九二三）九月には関東大震災による震害の御奉告、また十三年（一九二四）一月には前年の虎ノ門事件の奉告が行はれてゐます。昭和二十年（一九四五）九月六日に大東亜戦争終熄を三殿に奉告、また神宮、御陵にも勅使を差し遣はせられて御奉告になりました。この年の十一月には伊勢の神宮に御親謁、御自身で終戦を御奉告遊ばされました。昭和天皇はどのやうな御気持ちでこのことをお告げになられたのでせうか。また昭和二十一年（一九四六）十一月三日には日本国憲法公布奉告、二十七年（一九五二）四月二十九日には平和条約の発効奉告を宮中三殿でなされ、同年六月三日には伊勢の神宮に御親謁、御自身で奉告遊ばされました。

第五章

陵墓と勅祭

1　歴代天皇の陵墓

神代三代と御歴代の天皇、后妃のお墓を御陵、皇子女のお墓を御墓（おんはか）と称し、併せて陵墓といひ、北は山形県から南は鹿児島県にまで広範囲に及んでゐます。古く大宝律令には諸陵司が設置されて、延喜式にも陵墓の規定があります。平安時代初期の清和天皇の頃に十陵四墓の制や年末に供へ物を奉る荷前（のさき）の制度も整ひましたが、中世以降はこの制度も衰へ、畏れ多い事ながら陵墓の場所さへ不明の天皇もいらつしやいました。陵墓は荒廃し、陵の上に祠堂などがたてられたり一部が田畑になつたりして、また盗掘なども行はれました。

江戸時代の中期元禄のころから陵墓への関心が高まり、松下見林が元禄九年（一六九六）に『前王廟記』を書き、また元禄十二年（一六九九）に幕府により七十八陵の調査がなされ、不明の天皇陵の治定や周囲へ垣根をめぐらすなどの神聖性を保持することがなされました。陵墓は地域の入会地になつてゐたり、周濠が灌漑用水になるなどその地域には大切にされてきた歴史がありました。その後文化五年（一八〇八）に蒲生君平が『山陵志』を著し、陵墓の神聖性を強調するなど、天皇陵への視点は徐々に高まつていきました。幕末の文久二年（一八六二）宇都宮藩主戸田忠恕の申出をうけて幕府は朝廷に修陵を上申、これをうけて宇都宮藩家老戸田忠至を山陵奉行に命じ、神武天皇陵の修陵に当らせました。文久三年（一八六三）には朝廷によつて調査、修陵の事業がなされ、孝明天皇は神武天皇御陵ほかを東庭に下御されて拝されました。元治元年（一八六四）には神武天皇陵が治定され、勅使が参向して奉幣の儀がなされました。また徳川時代の天皇、皇族は崩御、薨去の後京都の泉涌寺に十三重塔をたてて、そこに葬られてきました。陵とはいへそれは大名の墓地よりも狭く名ばかりのため、これを山陵に復古すべきであるとの建議もなされました。古来天皇の陵は、円墳、方墳、前方後円墳など山を築いて鎮祭する慣はしでしたが、仏教の盛行に伴ひこの制が廃れ、火葬をして堂宇を建ててそこに葬るやうになつて行きました。幕末にはこれに対する反論や玉体を焼くことへの批判なども出て、明治天皇の御父の孝明天皇の崩御の折に山陵を泉涌寺の裏山に築き、後月輪東山陵として復古しました。明治維新以後未確定の陵墓がありましたが種々の調査がなされ、また変更などもあり明治二十二年（一八八九）には歴代天皇の御陵が治定しました。また明治七年（一八七四）には神代三陵である可愛山陵（日子番能邇々藝命）、高尾山上陵（彦火々出見命）、吾平山上陵（鵜葺草不合命）を御治定になりました。また大正十五年（一九二六）に御即位が明らかにされた長慶天皇の御陵は長らく不明であつたが、昭和十九年（一九四四）に嵯峨東陵として御治定になられました。現在、宮内庁書陵部が管轄してゐる陵墓は御陵百八十八所、御墓は五百五十所に及んでゐます。

2　陵墓祭祀と式年祭

陵墓は天皇又は皇族を葬つた聖域であり、御先祖追孝の祭祀の場に当たります。そのため静謐であるべき場とされます。陵墓に神聖地であることを示す鳥居があるのはそのためです。前項にも触れましたが、明治維新後も陵墓の治定されない天皇もおいででした。治定されたとしてもそれが間違ひなくその天皇の御陵であるかの科学的な考証がなされたわけではなく、当時の口碑や記録に従つて調査研究がなされた結果のことであり、それには限界があることを承知しておく必要もあります。伝承が多くある場合にはどちらとも決めかね無い場合もあり、またこちらを治定したものの捨てがたい場合には陵墓参考地とされて、それも宮内庁が管理してゐます。陵墓を歴史のモノとして見ると、それは歴史学上大変興味深く注目されるものとなります。それ故に戦後の歴史学、考古学の研究家から、陵墓の発掘や調査を要求する声があがつてきてゐます。宮内庁は祭祀の場であることから、その立ち入りや調査を拒否してきました。歴史、考古の学者にとつてはこの調査は日本の古代史の解明に重要であると主張します。また科学的な調査がなされれば現在の天皇陵が、そこに葬むられてゐる天皇の在位時代とは違ふなどの実証ができるともいはれてゐます。この視点には戦前の万世一系の皇統への疑義といつた考へがあることにも注意が必要です。陵墓が発掘されてその調査結果が出たところで、その場に祀られる天皇の祭祀は動きませんし、それは後味の悪いものになるだけです。祭祀は信仰に基づくものです。日頃厚く信心してゐる神社の御神体を調査したら実は空箱であつたとしたら、これは複雑な心境になりませう。明治の治定には遂に御陵が分からない為に新たに陵墓を築いて定めた天皇陵もあります。一度そのやうに治定したら、そこには神霊が御鎮まりになるとの考へがもとにあるから祭祀がなされるのです。繰り返しますが陵墓には神聖と静謐が必要なのです。なほ陵墓管区事務所の各部には陵印が保管され、陵墓を参拝した証として、朱印帳に捺してくださいます。有難いことです。

御歴代の陵墓では初代神武天皇陵と近四代の天皇の崩御当日に掌典職により祭祀が営まれます。また式年祭と称し、崩御（薨去）後一年ずつの祭儀のほか、十年ごと五十年祭までの式年祭、そして百年式年祭、百年を越えると百年ごとに式年の祭儀があります。これらの時に皇霊殿で御祭儀があり、また御陵には勅使が差し向けられ祭典が執り行はれます。殊に御父帝、御母后に当たられる方の式年祭には皇霊殿で御祭儀があり、御名代が御拝礼になり、両陛下は御自ら御陵に行幸啓になられ玉串を奉られて御拝礼になります。さらにその式年祭の近くの日に、学者をお招きになられて、その天皇の御事蹟をお聞きになられ、御遠祖のことを御学びになられます。平成二十二年（二〇一〇）には一月十六日に東山天皇の三百年式年祭が行はれ、三月二十五日には天皇皇后両陛下お揃ひで京都へ行幸啓、東山天皇の月輪御陵に御拝礼なさいました。また二月十三日には反正天皇の一千六百年式年祭が、二月二十三日に孝安天皇の二千三百式年祭、四月一日には応神天皇の一千七百年式年祭、六月十六日には昭和天皇の皇后でいらした香淳皇后の十年祭が行はれました。

また来年二十三年（二〇一一）には七月三十一日に一条天皇、十一月二十七日には冷泉天皇の千年式年祭が行はれる予定です。

また天皇皇后両陛下の海外へ行幸啓、皇太子同妃両殿下の海外行啓の折には、その出発前、帰朝後の二回、先帝御陵（先后御陵）に御奉告の拝礼があり、また神武天皇陵へも勅使や東宮使が発ち御代拝になります。

3　勅祭社と皇室

特に皇室と御所縁の深い神社で、その大祭に勅使が参向する神社を勅祭社と申します。神宮を別格として、現在十六社の勅祭社があります。神宮には祈年祭、神嘗祭、新嘗祭の三祭に勅使が発ちます。十六社は賀茂下上社（上社　賀茂別雷神社・下社　賀茂御祖神社）、石清水八幡宮、春日大社、氷川神社、熱田神宮、出雲大社、橿原神宮、明治神宮、平安神宮、近江神宮、靖国神社、香取神宮、鹿島神宮、宇佐八幡宮、香椎宮の各社です。このうち鹿島、香取は六年ごとの例祭、宇佐、香椎には十年に一度勅使がお立ちになります。中でも賀茂、石清水、春日の三祭は特殊であり、返り祝詞などの古来からの所作を勅使がおつとめになります。春日大社では勅使が藤原氏か否かでその参入の門が違ひます。皇室と深い縁故のある神社もありますが、橿原神宮（神武天皇）、明治神宮（明治天皇）、平安神宮（桓武天皇、孝明天皇）、近江神宮（天智天皇）は天皇を祀る神宮で、いづれも明治以降の御鎮座です。埼玉県さいたま市の氷川神社は武蔵一宮であり、京の賀茂下上社（上社　賀茂別雷神社・下社　賀茂御祖神社）が山城一宮で王城鎮護の神社であることに倣ひ、東京奠都後明治天皇の思し召しにより明治元年（一八六八）には御親拝あらせられ、大祭には勅使を御差し遣はし、また東遊を御奉納なさいます。

殊に靖国神社には春秋の二度の例祭に参向します。天皇陛下の靖国神社、ひいては戦歿英霊にたいする深いお思ひがあることが拝せます。靖国神社には昭和五十年（一九七五）の昭和天皇の御親拝以来、天皇御自身での御親拝はありませんが、年に二度の勅祭として勅使が参向することは、天皇陛下が御親拝になられてゐることと変はりありません。御親拝ができないのは、所謂「戦犯」といはれる昭和殉難者が合祀されてゐるからだとの議論がありますが、勅使が年に二度差し遣はされてゐる事実を重く受け止めねばなりません。御親拝の為に国立の追悼施設を作るなどとはこの勅使御差遣の重みを無視することになりませう。これは靖国の英霊にも、また陛下の大御心にも背くことです。

勅使が発つ前に、勅使は天皇陛下に拝謁をします。また祭儀の終了後にはその奉告の拝謁があります。

これらの大祭では主に宮司の祝詞奏上の後に、勅使が陛下からのお供へ品である御幣物を供へ、陛下の御祈念の御言葉を奏されますがそれを「御祭文(さいもん)」と申します。明治五年（一八七二）までは宣命(せんみょう)と申してをりました。これは延喜式内記式の古例に従ひ伊勢の神宮には縹(はなだ)色、賀茂は紅梅色、他の勅祭社や山陵には黄色の鳥子(とりのこ)紙を用ゐられ、寸法も竪一尺一寸五分、横一尺六寸五分のお決まりがあります。

天皇陛下が地方へ行幸なさると、その府県の旧官幣社、国幣社にお手元金から幣(へい)饌(せん)料をお供へになる旨仰せ出され、宮司は行在所に伺ひ、侍従長から伝達されます。

4　皇室神道と神社神道との相違

皇室の神道と神社神道は祖先崇拝といふ点では共通しますが、細かな点では別個のものです。祀りのしかたの祭式を見ても、皇室の祭祀には神前で手を打つ柏手がありません。陛下（勅使）が神社に御親拝なさる時には神前で深く一礼をされるだけです。また神社に奉られる玉串も一般神社での作法とは違ひ、その捧げ方は立てて奉奠される「立て玉串」です。御祈念の後宮司に託し、宮司が御神前にお立てします。

宮中三殿での陛下の御拝礼の作法は、掌典長が進める榊の枝に紅白の絹を懸けた玉串の根本を両手でお執りになり、起拝（ご起立の姿勢から正座をなさること）二度、そのままお座りになり深く礼をされ、また起拝を二度続ける両段再拝といふ実に御丁重な御拝と承ります。皇太子殿下の御拝礼も同じで、皇后陛下、皇太子妃殿下はお座りのまま御拝礼と承ります。御祈念になられた御玉串は掌典長が頂き、それを内掌典に伝へ、内掌典が大前に差し立てます。御拝礼や玉串のお扱ひも違ふのです。

また神社の祠職を神職と称しますが、宮中の掌典職の職員は神職ではありません。三殿の神前に御奉仕、また新嘗祭や山陵の祭祀に御奉仕する際に掌典職が着用する装束は神職の制服と同じ白の「斎服」（袴は白の切袴）です。また勅使として神社や御陵に参向する時には身位による「衣冠」であります。見た目は今日の神社神道のものと同じ作りですが、その依拠するところに違ふ点があります。

皇室における衣冠の制度は明治五年（一八七二）十一月十二日の太政官布達第三百三十九号の大礼服の制定に「従前ノ衣冠ヲ以テ祭服ト為シ」とある所に遡ります。この時に今までの宮中出仕の制服であつた衣冠を神事に用ゐてもよいと定められたのです（宮中では神事以外の儀礼で用ゐられてゐます）。これにより、神社や宮中祭祀では衣冠をその祭服としたのです。勅使として参向する際の衣冠の色目や地質などに就いては、明治十七年（一八八四）五月の宮内省達乙四号によつて定められました。これは旧来の階位による服制に倣つたもので、親王は「冠　有紋黒羅　袍　有紋黒穀（夏）有紋黒綾（冬）　裏同色絹　単　有紋紅綾　袴（指貫）　有紋紫固織」とあり、一等官（三位以上）もこれと同じとされました。二、三等官（四位相当）もこれに同じで、但し袴は紫平絹です。奏任官五位相当が、「袍　有紋緋穀（夏）有紋緋綾（冬）」であとは二、三等官に準じ、六位以下の有位者が「冠　無紋黒　袍　無紋緑（縹）穀（夏）無紋緑（縹）綾（冬）　裏蘇芳絹　単　紅平絹　袴（指貫）白布」とあります。但し賀茂、石清水、春日の三祭はまた独自のものがあり、これには準じません。現行の宮中祭祀や御即位式などの儀礼に着用する服制もこれに準じてゐるのであり、皇族、また掌典長や勅使にあたる掌典は黒の袍を着してゐます。一方、現行の神社祭式においては、例へば神社本庁ではこの衣服の制に準じて神社本庁独自の神職の階位による制服を定めてゐるため、見た目は同じ衣冠であつてもその色目などに皇室と神社界とでは大きな差異があるのです。

例へば皇族や勅使はこの制により最高位の黒袍に有紋の紫指貫を着用しますが、神社本庁に所属してゐる神社の服制は本庁の規定により、時に宮司、権宮司に神社本庁の一級身分の者がゐた場合には皇族や勅使同等の黒袍に有紋の紫指貫を着用することになります。私はこれは問題ではないかと思ひます。かつて「宿老」と賞賛される高齢者に天皇から勅許によつて着用が許されてゐた黒袍に有紋の白指貫を、神社本庁は独自に特級神職の服制に定めてゐるのもいかがなものでせうか。

第六章　皇室祭祀の現状

1　国民の祝日と宮中祭祀

戦前の我が国では「祝祭日」が定められてゐました。三大節（新年、紀元節、天長節。後に明治節を加へて四大節といひます）の他に、春秋の皇霊祭、神武天皇祭、神嘗祭、新嘗祭です。これらの日は宮中祭祀との関係がある日でした。宮中で祭りがありますから「祝祭日」と称したわけであります。いづれの日も神祭りの日であり、そこには畏敬の念がありました。各家庭では国旗を掲揚してその祝意を表し、学校ではそれに因んだ儀式が行はれ、祭日に因む唱歌が斉唱され、その意義が教へられました。国民挙つて敬意を表したのであつて、今日の単なる休日化した「国民の祝日」とは違つてゐたのです。「祝祭日」が宮中祭祀＝神道と関連が深いことを知つた占領軍は、まづこれの廃止を指示しました。とはいへ、長く国民に親しまれてきた特別の日を簡単に潰すことはできません。名称を変へて今日の「国民の祝日」に継承されてゐるものもありますが（一月一日元日＝歳旦祭、春分の日秋分の日＝春秋皇霊祭・神殿祭、天皇誕生日＝天長節、文化の日＝明治節、勤労感謝の日＝新嘗祭）、宮中祭祀との関連は断たれてゐます。

そのやうに名称の変更がありつつ宮中祭祀との関連を断つた「国民の祝日」がある中で、神武天皇の建国を祝ふ紀元節は占領軍に認められませんでした。この日がそれほどの国家的な祭日と考へたからでせう。ここからもわかるやうに戦後の「国民の祝日」は神話に基づく由緒を抹殺してゐるのです。天皇誕生日は憲法の定める象徴天皇の御誕生日をお祝ひするものであつて、神武天皇（また天照大御神）の御子孫である天皇陛下の御誕生日を祝する日ではないのです。紀元節は廃止されましたが、その後国民の復活に向けた努力により、昭和四十一年（一九六六）に紀元節ではなく「建国記念の日」として制定されました。この名称に「の」といふ助詞があることに注目して下さい。日本が建国された日はいつだかわからないから、取り敢へず旧紀元節の日である二月十一日を記念する日にしたといふ意味です。この日に建国された（何をもつて建国とするのか？）のではなく、建国されたことを記念する日なのです。制定に際しては政界で様々な取引がなされたのであつて、神武天皇ゆかりの二月十一日が残つたのだから、この名称を妥協ととるかなど色々な考へもありませう。しかし前にも述べた通り、宮中では旧紀元節祭に因る臨時御拝が今日でも継続して斎行されてゐる事実があるのです。

今日、「国民の祝日」は単なる休日化してゐます。日曜の振替休日の実施（昭和四十八年）や祝日に挟まれた日の休日化、土曜の休日など休日が増加してゐます。これは或いは良い傾向なのかもしれませんが、農業によつて暮らしを立ててきた我が民族の勤勉性には馴染まないものもあるやうです。晴れた日は耕し雨天は休む。太陽の光と土とを恵と仰いできた国民性に翳りが見えつつあるやうです。宮中祭祀との関連は断たれたものの、前記の日には宮中では陛下がお出ましになられて祭儀が営まれてゐることを知るべきです。当然のことですが国旗を高らかに掲揚して祝意を表したいものです。陛下の祈りに通じたとき、日本の明るい未来が見えてきませう。

2　天皇の祈りは私事にあらず

以上見てきたことから、明らかに天皇の祈りは「私事」の一言ですまされるやうなものではないといふことがおわかりになつたのではないでせうか。個人が自分の幸福を願ふのは当然のことです。しかし個人で全世界の平和を祈られる方はさう多くはありますまい。しかも毎日毎日のことであります。さらにご自身の好き嫌ひに拘はらずに、それをまた含んでの全てに対しての祈りなのです。世の中には天皇陛下や皇室に良い感情を抱かない人もゐませうし、世界の中には我が国に好感を持たない国家もありませう。しかし天皇の祈りはこれらの人々にも及ぶのです。恰も遠い御祖先の天照大御神（太陽）が全世界の様々な民族に差別なく照り注ぐのと洵に似てゐることなのです。またその祈りが遠い過去から永続して今日にまで絶えることがなく続いてきたことにも驚きを持たれたのではないでせうか。天皇の御本質とは実はここにあるというても過言ではありません。ですから陛下が私人といふお立場であることはありません。いつの時代も公人でありました。また歴史の流れのなかでは政治的に元首であつたり、さうでないやうな時もありました。現在では日本国憲法の定める象徴といふお立場にいらつしやいます。

　お立場は時代によつて様々であつても歴代の天皇が祭祀王でいらしたことは歴史を一貫して明らかなことであります。天皇の祈りは私事ではないとのご理解を確信されたなら、次に何故「私事」とされてゐるのか、「私事」とされなければならないのかをお考へください。さうしてこのまま「私事」として放つておいてよいのかの疑問を抱いてください。本書は国民の皆さんに知られてゐない天皇の御本質、また宮中の祭祀について、興味、関心を抱いて頂くことを眼目として書きました。

3　宮中祭祀永続の為に

このごろ今上天皇の御病気と御高齢化に伴ひ、陛下の御公務の削減が示されました。その中に宮中祭祀の簡略化といふことがありました。陛下の御負担を考へるとこれは尤もなことに聞こえます。しかし宮中祭祀以外でもさらに削減、簡略化すべきものが多々あるにも拘はらず、宮中祭祀を標的にするのは不可解な点が残ります。しかも宮中祭祀は現在では陛下の私事とされてゐるのに、私事にまで容喙がなされてゐるのです。これには何か宮中祭祀に対する邪悪な意志の蠢動を勘ぐつてしまひます。昭和天皇の御高齢化の時もこのやうな簡略化が取り沙汰されましたが、神社界では玉串違憲裁判など、政教分離が喧しく言はれだした頃でありました。何とか天皇、皇室から祭祀色を取り除かう、祭祀王としての御姿を隠さうとした動きがあつたのも事実であります。

政教分離とは本来この国の成り立ちや天皇国日本を考へたときに、やや無理や矛盾のある考へであると思ふのは私だけではありますまい。それは戦後の憲法といつた短い尺度でものごとを測るために無理が生じるのです。日本国憲法は制定以来六十年余、それに対し我が国や皇室はその何十倍もの歴史と伝統を有してゐるのです。ここを深く理解しなくてはなりません。

今上天皇は御即位後、このやうな昭和天皇御晩年の御高齢化に伴ふ変則的な宮中祭祀をもとの形にお改めになられるとともに、昭和天皇が新例としてはじめられた御田植ゑ、御稲刈りを踏襲され、更に籾を御蒔きになる御播種をおはじめになりました。稲種を天孫の降臨の時にお授けになられた天照大御神への御報恩に他ならないと拝察します。

しかし近年また御高齢化により宮中祭祀の簡略化が聞こえるやうになりましたが、今回は極端に「宮中祭祀など廃止にして仕舞へ」、「これは伝統などではなく、新たに明治国家が国策として創り出した物だ」、「神道の国教化の亡霊だ」などいふ声が平然と出てきました。これは驚くべき事です。新たな祭儀であつたとしても百年を超えた歴史と、何と言つてもそこに深い祈りがあつたのです。このことに思ひを馳せたなら軽々とそのやうな発言がなされるものでせうか。神の存在を蔑し、祈りを否定する行為は人間として恥ぢるべきことでせう。

をかしなことに毎朝の侍従の御代拝の浄衣の装束をモーニングに改め、また節折大祓の御贖物を浜離宮から海に流してゐたのを宮中のお濠に沈めるやうになりました。四方拝をモーニングで御所のお庭でなさいました。また昭和天皇の御葬儀に、ここまでは宮中の私事、ここからは国家の行事と政教を峻別し、儀礼の途中で鳥居を除いた滑稽は、なほまだ脳裏にあります。また今上天皇の即位礼に神武天皇の東征に関する故事を描いた威儀物の削除、また誰も指摘しませんが、即位礼当日の「賢所大前の儀」における「威儀物」を削除したなどの、これらの一連の行為は一体誰に対する遠慮なのでせうか、私は理解に苦しむのであります。頑なに、しかも当然のこととして護り伝へられてきた古儀が、なんら顧みることなく改変させられるのは何故なのでせうか。そこにある視点は現在といつた、長い歴史から見ると誠に刹那的な「今」の「自分」だけにあつて、先祖や子孫、また祀られる対象の神に対する畏敬や尊崇の念などないではありませんか。我が国民はこのやうな民族であつたのでせうか。また我が国は古来神国ではなかつたのですか。いや今も神国であるはずなのです。この事実を隠蔽して、何をどう語るといふのでせうか。天皇と神話は連続した不離一体のものであるとの認識の上に立つて、その土俵の上で相撲を取るべきでありませう。

今後も神代以来の皇統が続く限り、永遠に天皇の祭りによる深い祈りは絶えることがないと確信するのであります。

第七章　付図

現行年間宮中祭祀一覧

月	日	祭儀		御殿または式場
一	一	四方拝		神嘉殿前庭
		歳旦祭	小祭	三殿
	二	二日祭		三殿
	三	三日祭		三殿
		元始祭	大祭	三殿
	四	奏事始		鳳凰の間
	七	昭和天皇祭		皇霊殿・昭和天皇陵
	三十	孝明天皇例祭		皇霊殿・孝明天皇陵
二	十七	祈年祭	小祭	三殿
三	春分の日	春季皇霊祭	大祭	皇霊殿
		春季神殿祭	大祭	神殿
四	三	神武天皇祭	大祭	皇霊殿・神武天皇陵
		皇霊殿御神楽		皇霊殿
六	十六	香淳皇后例祭	小祭	皇霊殿・香淳皇后陵
	三十	節折		正殿竹の間

		大祓		神嘉殿前庭
七	三十	明治天皇例祭	小祭	皇霊殿・明治天皇陵
九	秋分の日	秋季皇霊殿	大祭	皇霊殿
		秋季神殿祭	大祭	神殿
十	十七	神嘗祭賢所の儀	大祭	賢所
十一	二十二	鎮魂の儀		綾綺殿
	二十三	新嘗祭	大祭	神嘉殿
十二	中旬	賢所御神楽	小祭	賢所
	二十三	天長祭	小祭	三殿
	二十五	大正天皇例祭	小祭	皇霊殿・大正天皇陵
	三十一	節折		正殿竹の間
		大祓		神嘉殿前庭
		除夜祭		三殿
毎月	一・十一・二十一	旬祭		三殿
毎日		毎朝御代拝		三殿

※この他に二月十一日に「臨時御拝」、また天皇の式年祭が行はれる。

現行国民の祝日と宮中祭祀

○元日　一月一日
○(元始祭)　一月三日
○成人の日　一月第二月曜日
○(孝明天皇祭)　一月三十日
△(旬祭臨時御拝)建国記念の日　二月十一日
○春分の日　三月春分
○(神武天皇祭)　四月三日
昭和の日　四月二十九日
憲法記念日　五月三日
みどりの日　五月四日

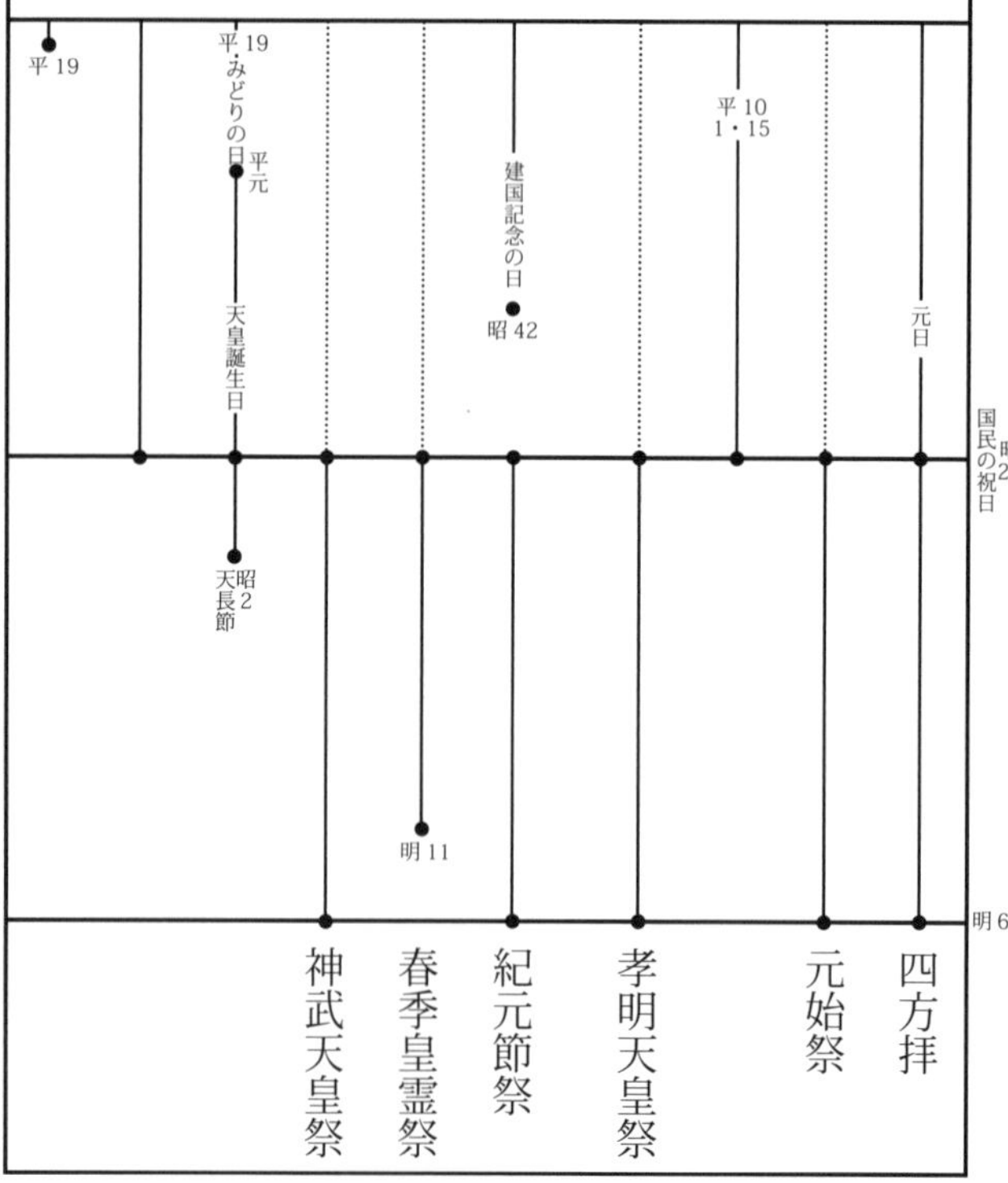

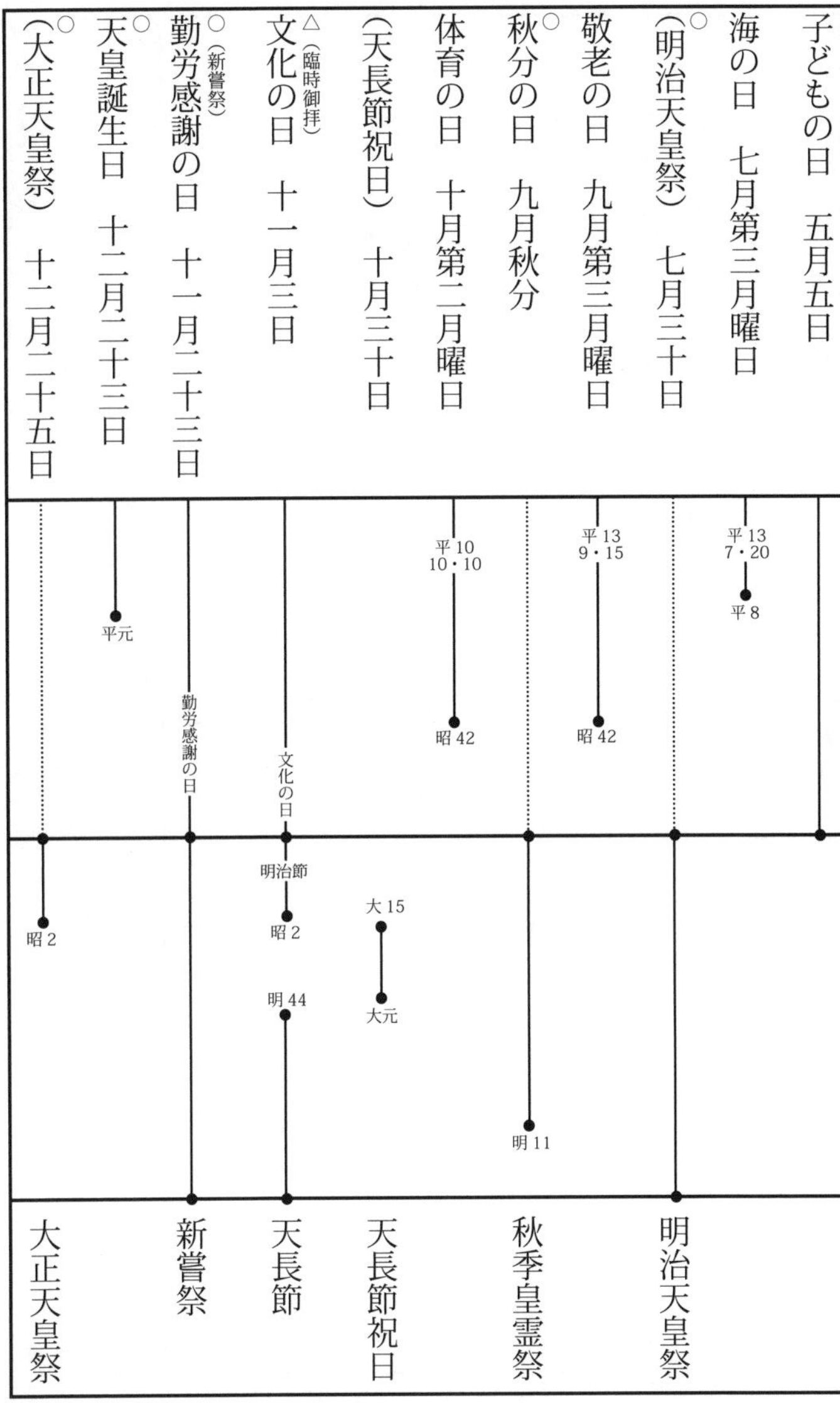

子どもの日　五月五日
海の日　七月第三月曜日
○（明治天皇祭）　七月三十日
敬老の日　九月第三月曜日
○秋分の日　九月秋分
体育の日　十月第二月曜日
（天長節祝日）　十月三十日
△（臨時御拝）文化の日　十一月三日
○（新嘗祭）勤労感謝の日　十一月二十三日
○天皇誕生日　十二月二十三日
○（大正天皇祭）　十二月二十五日
平13
7・20
平8
平13
9・15
昭42
平10
10・10
昭42
平元
勤労感謝の日
文化の日
明治節
昭2
昭2
大15
大元
明44
明11
明治天皇祭
秋季皇霊祭
天長節祝日
天長節
新嘗祭
大正天皇祭

○印は宮中祭祀が行はれる日

歴代天皇陵、祭日一覧

皇紀から六六〇を差し引いた数が西暦となる。
平成二十二年は皇紀二六七〇年。

代	天皇	紀元(皇紀)	月日	山陵
1	神武天皇	七六	四月三日	畝傍山東北陵(奈良県橿原市)
2	綏靖天皇	一一二	六月二十日	桃花鳥田丘上陵(奈良県橿原市)
3	安寧天皇	一五一	一月十一日	畝傍山西南御蔭井上陵(奈良県橿原市)
4	懿徳天皇	一八四	十月一日	畝傍山南纖沙渓上陵(奈良県橿原市)
5	孝昭天皇	二六八	八月三十一日	掖上博多山上陵(奈良県御所市)
6	孝安天皇	三七〇	二月二十三日	玉手丘上陵(奈良県御所市)
7	孝霊天皇	四四六	三月二十三日	片丘馬坂上陵(奈良県北葛城郡王寺町)
8	孝元天皇	五〇三	十月十一日	剣池島上陵(奈良県橿原市)
9	開化天皇	五六三	五月二十一日	春日率川坂上陵(奈良県奈良市)
10	崇神天皇	六三一	一月七日	山邊道勾岡上陵(奈良県天理市)
11	垂仁天皇	七三〇	七月二十六日	菅原伏見東陵(奈良県奈良市)
12	景行天皇	七九〇	十二月二十三日	山邊道上陵(奈良県天理市)

13	成務天皇	八五〇	七月二十九日	狭城盾列池後陵（奈良県奈良市）
14	仲哀天皇	八六〇	三月八日	恵賀長野西陵（大阪府藤井寺市）
15	応神天皇	九七〇	四月一日	恵賀藻伏崗陵（大阪府羽曳野市）
16	仁徳天皇	一〇五九	二月八日	百舌鳥耳原中陵（大阪府堺市）
17	履中天皇	一〇六五	四月三十日	百舌鳥耳原南陵（大阪府堺市）
18	反正天皇	一〇七〇	二月十三日	百舌鳥耳原北陵（大阪府堺市）
19	允恭天皇	一一一三	二月九日	恵賀長野北陵（大阪府藤井寺市）
20	安康天皇	一一一六	九月二十五日	菅原伏見西陵（奈良県奈良市）
21	雄略天皇	一一三九	九月九日	丹比高鷲原陵（大阪府羽曳野市）
22	清寧天皇	一一四四	二月二十八日	坂門原陵（大阪府羽曳野市）
23	顕宗天皇	一一四七	六月三日	傍丘磐坏丘南陵（奈良県香芝市）
24	仁賢天皇	一一五八	九月十日	埴生坂本陵（大阪府藤井寺市）
25	武烈天皇	一一六六	一月九日	傍丘磐坏丘北陵（奈良県香芝市）
26	継体天皇	一一九一	三月十二日	三島藍野陵（大阪府茨木市）
27	安閑天皇	一一九五	一月二十七日	古市高屋丘陵（大阪府羽曳野市）

28	宣化天皇	一一九九	三月十七日	身狭桃花鳥坂上陵（奈良県橿原市）
29	欽明天皇	一二三一	五月二十六日	檜隈阪合陵（奈良県高市郡明日香村）
30	敏達天皇	一二四五	九月十六日	河内磯長中尾陵（大阪府南河内郡太子町）
31	用明天皇	一二四七	五月二十三日	河内磯長原陵（大阪府南河内郡太子町）
32	崇峻天皇	一二五二	十二月十四日	倉梯岡上陵（奈良県桜井市）
33	推古天皇	一二八八	四月十八日	磯長山田陵（大阪府南河内郡太子町）
34	舒明天皇	一三〇一	十一月二十日	押坂内陵（奈良県桜井市）
35	皇極天皇	重祚		
36	孝徳天皇	一三一四	十一月二十七日	大阪磯長陵（大阪府南河内郡太子町）
37	斉明（皇極）天皇	一三二一	八月二十七日	越智崗上陵（奈良県高市郡高取町）
38	天智天皇	一三三一	一月十日	山科陵（京都市山科区）
39	弘文天皇	一三三二	八月二十四日	長等山山前陵（滋賀県大津市）
40	天武天皇	一三四六	十月四日	檜隈大内陵（奈良県高市郡明日香村）
41	持統天皇	一三六三	一月十七日	檜隈大内陵
42	文武天皇	一三六七	七月二十二日	檜隈安古岡上陵（奈良県高市郡明日香村）

43	元明天皇	一三八二	一月二日	奈保山東陵（奈良県奈良市）
44	元正天皇	一四〇八	五月二十六日	奈保山西陵（奈良県奈良市）
45	聖武天皇	一四一六	六月七日	奈保山南陵（奈良県奈良市）
46	孝謙天皇	重　祚		
47	淳仁天皇	一四二五	十一月十四日	淡路陵（兵庫県南あわじ市）
48	称徳（孝謙）天皇	一四三〇	九月一日	高野陵（奈良県奈良市）
49	光仁天皇	一四四二	一月十五日	田原東陵（奈良県奈良市）
50	桓武天皇	一四六六	四月十三日	柏原陵（京都市伏見区）
51	平城天皇	一四八四	八月九日	楊梅陵（奈良県奈良市）
52	嵯峨天皇	一五〇二	八月二十八日	嵯峨山上陵（京都市右京区）
53	淳和天皇	一五〇〇	六月十五日	大原野西嶺上陵（京都市西京区）
54	仁明天皇	一五一〇	五月十日	深草陵（京都市伏見区）
55	文徳天皇	一五一八	十月十一日	田邑陵（京都市右京区）
56	清和天皇	一五四一	一月十一日	水尾山上陵（京都市右京区）
57	陽成天皇	一六〇九	十月二十八日	神楽岡東陵（京都市左京区）

58	光孝天皇	一五四七	九月二十一日	後田邑陵（京都市右京区）
59	宇多天皇	一五九一	九月八日	大内山陵（京都市右京区）
60	醍醐天皇	一五九〇	十月二十八日	後山科陵（京都市伏見区）
61	朱雀天皇	一六一二	九月十一日	醍醐陵（京都市伏見区）
62	村上天皇	一六二七	七月十日	村上陵（京都市右京区）
63	冷泉天皇	一六七一	十一月二十七日	櫻本陵（京都市左京区）
64	円融天皇	一六五一	三月六日	後村上陵（京都市右京区）
65	花山天皇	一六六八	三月二十六日	紙屋川上陵（京都市北区）
66	一条天皇	一六七一	七月三十一日	円融寺北陵（京都市右京区）
67	三条天皇	一六七七	六月十一日	北山陵（京都市北区）
68	後一条天皇	一六九六	五月二十一日	菩提樹院陵（京都市左京区）
69	後朱雀天皇	一七〇五	一月十三日	円乗寺陵（京都市右京区）
70	後冷泉天皇	一七二八	五月二十八日	円教寺陵（京都市右京区）
71	後三条天皇	一七三三	六月二十一日	円宗寺陵（京都市右京区）
72	白河天皇	一七八九	七月三十一日	成菩提院陵（京都市伏見区）

73	堀河天皇	一七六七	八月十六日	後円教寺陵（京都市右京区）
74	鳥羽天皇	一八一六	七月二十七日	安楽壽院陵（京都市伏見区）
75	崇徳天皇	一八二四	九月二十一日	白峯陵（香川県坂出市）
76	近衛天皇	一八一五	八月二十九日	安楽壽院南陵（京都市伏見区）
77	後白河天皇	一八五二	五月三日	法住寺陵（京都市東山区）
78	二条天皇	一八二五	九月十二日	香隆寺陵（京都市北区）
79	六条天皇	一八三六	八月三十日	清閑寺陵（京都市東山区）
80	高倉天皇	一八四一	二月六日	後清閑寺陵（京都市東山区）
81	安徳天皇	一八四五	五月二日	阿弥陀寺陵（山口県下関市）
82	後鳥羽天皇	一八九九	四月四日	大原陵（京都市左京区）
83	土御門天皇	一八九一	十一月十三日	金原陵（京都府長岡京市）
84	順徳天皇	一九〇二	十月十四日	大原陵（京都市左京区）
85	仲恭天皇	一八九四	六月二十五日	九条陵（京都市伏見区）
86	後堀河天皇	一八九四	九月七日	観音寺陵（京都市東山区）
87	四条天皇	一九〇二	二月十七日	月輪陵（京都市東山区）

88	後嵯峨天皇	一九三二	三月二十五日	嵯峨南陵（京都市右京区）
89	後深草天皇	一九六四	八月二十五日	深草北陵（京都市伏見区）
90	亀山天皇	一九六五	十月十二日	亀山陵（京都市右京区）
91	後宇多天皇	一九八四	七月二十四日	蓮華峰寺陵（京都市右京区）
92	伏見天皇	一九七七	十月十六日	深草北陵
93	後伏見天皇	一九九六	五月二十五日	深草北陵
94	後二条天皇	一九六八	九月十八日	北白河陵（京都市左京区）
95	花園天皇	二〇〇八	十二月十日	十楽院上陵（京都市東山区）
96	後醍醐天皇	一九九九	九月二十七日	塔尾陵（奈良県吉野郡吉野町）
97	後村上天皇	二〇二八	四月六日	檜尾陵（大阪府河内長野市）
98	長慶天皇	二〇五四	八月二十七日	嵯峨東陵（京都市右京区）
99	後亀山天皇	二〇八四	五月十九日	嵯峨小倉陵（京都市右京区）
北朝1	光厳天皇	二〇二四	八月十三日	山国陵（京都市右京区）
北朝2	光明天皇	二〇四〇	八月三日	大光明寺陵（京都市伏見区）
北朝3	崇光天皇	二〇五八	二月八日	大光明寺陵

北朝4	後光厳天皇	一〇三四	三月二十日	深草北陵
北朝5	後円融天皇	一〇五三	六月十四日	深草北陵
100	後小松天皇	一〇九三	十二月十日	深草北陵
101	称光天皇	一〇八八	九月八日	深草北陵
102	後花園天皇	一一三〇	一月二十七日	後山国陵(京都市右京区)
103	後土御門天皇	一一六〇	十月三十一日	深草北陵
104	後柏原天皇	一一八六	五月二十八日	深草北陵
105	後奈良天皇	一二一七	十月七日	深草北陵
106	正親町天皇	一二五三	二月六日	深草北陵
107	後陽成天皇	一二七七	九月二十五日	深草北陵
108	後水尾天皇	一三四〇	九月十一日	月輪陵
109	明正天皇	一三五六	十二月四日	月輪陵
110	後光明天皇	一三一四	十月三十日	月輪陵
111	後西天皇	一三四五	三月二十六日	月輪陵
112	霊元天皇	一三九二	九月二十四日	月輪陵

113	東山天皇	二三七〇	一月十六日	月輪陵
114	中御門天皇	二三九七	五月十日	月輪陵
115	桜町天皇	二四一〇	五月二十八日	月輪陵
116	桃園天皇	二四二二	八月三十一日	月輪陵
117	後桜町天皇	二四七三	十二月二十四日	月輪陵
118	後桃園天皇	二四三九	十二月六日	月輪陵
119	光格天皇	二五〇〇	十二月十二日	後月輪陵（京都市東山区）
120	仁孝天皇	二五〇六	二月二十一日	後月輪陵
121	孝明天皇	二五二七	一月三十日	後月輪東山陵（京都市東山区）
122	明治天皇	二五七二	七月三十日	伏見桃山陵（京都市伏見区）
123	大正天皇	二五八六	十二月二十五日	多摩陵（東京都八王子市）
124	昭和天皇	二六四九	一月七日	武蔵野陵（東京都八王子市）

※神代三陵

天津日高彦火瓊瓊杵尊　可愛山陵（鹿児島県薩摩川内市）

天津日高彦火火出見尊　高屋山上陵（鹿児島県霧島市）

天津日高彦波瀲武鸕鷀草葺不合尊　吾平山上陵（鹿児島県鹿屋市）

宮中三殿図

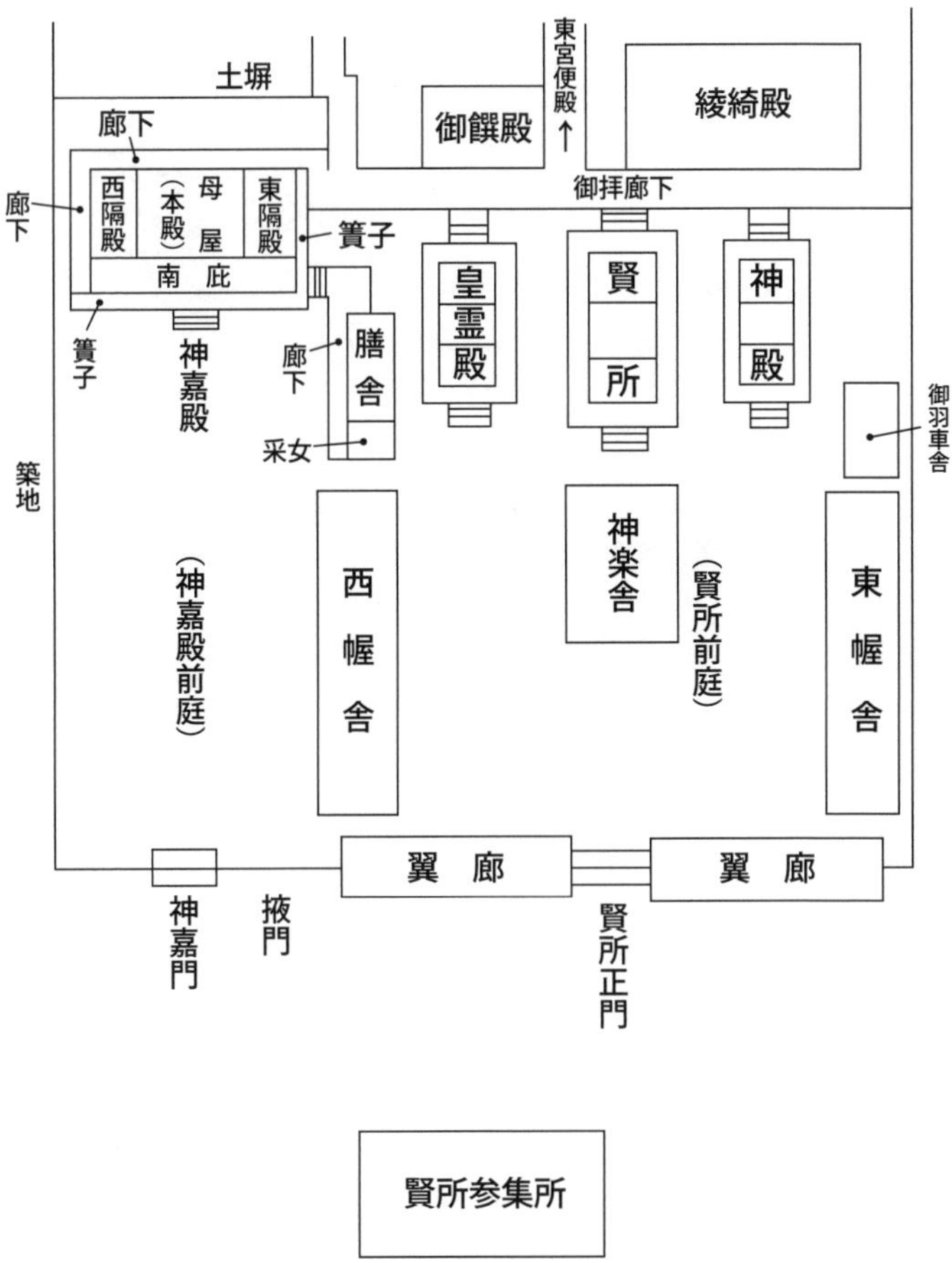
土塀
東宮便殿↑
綾綺殿
御饌殿
廊下
御拝廊下
廊下
西隔殿
母屋
（本殿）
東隔殿
簀子
南庇
簀子
神嘉殿
廊下
膳舎
采女
皇霊殿
賢所
神殿
御羽車舎
築地
（神嘉殿前庭）
西幄舎
神楽舎
（賢所前庭）
東幄舎
翼廊
翼廊
神嘉門
掖門
賢所正門
賢所参集所

近世の内侍所

『鳳闕見聞圖説』(難波宗隆著)

あとがき

　このまま宮中祭祀の簡略化を放つておいてよいのであらうか。この疑問と危機感を抱きはじめたのは昨年の秋頃であつただらうか。皇位の継承をはじめ幾多の皇室問題がある中で祭祀の問題が気にかかつてきてゐた。そのやうな中で同じ危機感を抱く諸兄から、雑誌「正論」にそれに関して一文を書いて、世の人に宮中祭祀の御様子を知らせるべきだとの指摘を受けた。そこで早速書いたのが、本年一月号の「かくも有難き祭祀」であつた。これは意外と反響があり、宮中祭祀への関心が高い事を感じたものであつた。そのやうなある日、展転社の藤本社長から宮中祭祀の入門の本を書けと言うてきた。彼とは大学が同窓の同期。在学中は面識がなかつたのだが卒業後に様々な機会に会ふことが増え、（お互ひに）頼まれると断れない関係となつてゐた。当然その場で承知、翌日には目次などの細目を彼の所へ届けてゐる。年末年始は多忙、また一月には担任として修学旅行の引率があり、原稿を書く時間など皆無。更に三月の学年末考査以降は新学期の準備と重なり出来るはずがない。二月の一か月をこれに宛て諸書を参考にして掻い摘んでは書いてみた。仕事を終へて帰宅した後、二月の寒夜に原稿用紙に向かふ毎日であつた。

私が天皇や皇室に興味関心を抱いたのはかなり早い時期であつた。小学校の卒業文集の将来の夢に、「侍従になりたい」と書いてゐることからわからう。それでもその頃の私は宮中祭祀などは知らなかつた。年中行事や信仰などといふ日本人の考へに興味もあり、中学ではその方面の本を耽読した。その中に若月紫蘭の『東京年中行事』があつた。この本は東京と銘打つものの宮中祭祀の細かな記載があり、宮中祭祀による祭日が明治の昔にはあつたのだといふ事と、現在の祝日との関連など自分の興味は膨らみ、井原頼明の『皇室事典』の覆刻版を父に買つて貰ひ読み始めたのもこのころであつた。

その後国文学や国学思想に深い関心を抱き、國學院高校から同大学へ進み、文学専攻であつたものの神道学の研究にも足を入れ、二股の草鞋を履いて双方の研究会や学会にも顔をだしてはゐた。丁度その頃神道宗教学会の大会で、掌典補の永田忠興氏の宮中祭祀の衝撃的な発表を聞いた時、私は驚きと憤りに襲はれたのであつた。それは昭和五十年代の後半、昭和天皇の御高齢化による宮中祭祀の簡略化に政教分離の発想が絡み、誰に遠慮してか祭祀が変則化してゐるとの御指摘であつた。

永田氏は『入江相政日記』に、魔女と書かれる今城女官とともに、ウルトラ永田と書かれてゐる人物で、昭和天皇の祭祀に御熱心なお姿に接し、その御心を体して宮中祭祀の他からの容喙を許さない立場を守つてゐる方であつた。古儀を護るといふことは自分の代まで護られてきたものを後代に伝へることであり、義務であると永田氏は仰せられた。今の我が国にはこの視点が欠けてゐるのではないだらうか。爾来私は永田氏と親しくさせて頂き、種々お話を承ることがあつた。今回もこの拙稿に御懇切にお目通し頂いた。

平成の御代になつて再び旧儀に復した宮中祭祀も、二十年経てまたここに簡略化といふ声が聞こえるやうになつてきた。陛下の玉体の上を思ひまゐらすのは当然ではあるが、宮中祭祀の本義や天皇の御本質を抜きにして、玉体の御安泰を隠れ蓑にして、或いは陰に陽に我が国の根幹に当たるところを蝕まうと企図してゐるやうに思はれてならない。これが私の杞憂であるならよいのだが、さうではないやうだ。

宮中祭祀とはなにか。簡単には説けないこともあるが、この国柄を子々孫々に語り伝へるのは、中今を生きる我々の務めでもあらう。その為に少しでも本書が役立つなら幸ひこれに過ぎるものはない。畏友の藤本社長の懇願があつて、また執筆に対しお手紙やお電話を頂いた永田忠興氏のお励ましがなければ本書はならなかつたかもしれない。刊行にあたり厚く御礼を申しあげたい。

平成二十二年初春

柿之舎　中澤伸弘

中澤伸弘（なかざは　のぶひろ）

昭和37年東京生まれ。國學院大學文学部文学科卒業後、都立高校国語科教諭。現在都立小岩高校主任教諭。博士（神道学）。元國學院大學文学部兼任講師。財団法人無窮会東洋文化研究所特別研究員。専攻分野は国語教育をはじめ日本文化史、国学史、国学思想史、近世後期和歌史。それに関する古書籍の蒐集研究など。柿之舎（かきのや）と号す。

主な著書に、

『図解雑学日本の文化』（ナツメ社）
『毀誉相半書・児の手かしは』（平田篤胤翁顕彰会）
『近世和歌研究書要集』（共編・クレス出版）
『国学和学研究資料集成』（共編・クレス出版）
『類題和歌鰒玉鴨川集』（朝倉治彦監修・クレス出版）
『やさしく読む国学』（戎光祥出版）
『徳川時代後期出雲歌壇と國學』（錦正社）

その他「國學院雑誌」「鈴屋学会報」「皇學館論叢」「東洋文化」などに国学や近世和歌関係の論文を多数執筆。

宮中祭祀

連綿と続く天皇の祈り

平成二十二年七月三十日　第一刷発行
平成三十年五月五日　第三刷発行

著　者　中澤　伸弘
発行人　藤本　隆之
発　行　展　転　社

〒101-0051　東京都千代田区神田神保町2-46-402
TEL　〇三（五三一四）九四七〇
FAX　〇三（五三一四）九四八〇
振替〇〇一四〇―六―七九九九二

印刷製本　中央精版印刷

定価［本体＋税］は表紙に表示してあります。

ISBN978-4-88656-346-0

てんでんBOOKS
[表示価格は本体価格(税抜)です]

一つの戦史　影山正治
●三島由紀夫『奔馬』のモデルといわれる影山正治大東塾塾長の神兵隊事件に至る闘争と恋の軌跡!
1800円

日本人ルーツの謎を解く　長浜浩明
●司馬遼太郎・山本七平の縄文・弥生観はもはや失当!過てる縄文・弥生観に終止符を打つ!
1700円

シナ人とは何か　宮崎正弘　内田良平研究会
●中国文明の本質を鋭く抉った内田良平の『支那観』をテキストに、間違っていた日本人の対中理解を今こそ正す。
1900円

「アイヌ先住民族」その真実　的場光昭
●ありもしない民族問題で「国内分裂」を策す〝プロアイヌ〟とその取り巻きたち。日本暗黒史観はもういらない。
1500円

平成の大みうたを仰ぐ 二　(社)国民文化研究会
●古くから日本人が大切にしてきた美しい日本の心が平成の御代に脈々と伝えられ、継承されている。
2000円

平成の大みうたを仰ぐ　(社)国民文化研究会
●今上陛下の御即位十年奉祝記念出版。日本の国がらの中心をなす天皇と国民の心が、御製を通してかよい合う。
1800円

平成の天皇論　大原康男
●「開かれた皇室」論を徹底的に論駁しつつ未解決の問題点を提示し、江藤淳氏ら七人との対談を加える。
2233円

国体に対する疑惑　里見岸雄
●国体に対する50の疑問に明快な回答を示す快著。国体をあげつらう者は先ず、この疑惑に答えなければならない。
2000円